트럼프와 함께하는
알트코인 대폭등

2024-2025 인생 대역전의 기회

트럼프와 함께하는

알트코인 대폭등

| 강환국 지음 |

거인의 정원

일러두기

- 우리나라의 「특정 금융거래정보의 보고 및 이용 등에 관한 법률」에서는 비트코인, 알트코인 등을 '가상자산'으로 칭하고 있지만 이 책에서는 보다 대중적인 용어인 '암호화폐(코인)'로 지칭하였습니다.
- 구어체로 집필된 원고의 느낌을 잘 전달하기 위해 몇몇 문법에 어긋난 표현도 그대로 표기하였습니다.
- 이 책에서 언급되는 정보는 투자 판단에 대한 조언일 뿐, 투자의 최종 판단과 책임은 투자자 본인에게 있음을 알립니다.

To Jannis Holthusen,
a lifelong friend who introduced me to the
amazing world of cryptocurrencies

트럼프와 함께하는 알트코인 대폭등, 인생 역전의 기회를 잡아라!

인생을 바꿀 기회가 찾아오고 있습니다.

2024년, 암호화폐 시장은 두 가지 강력한 상승 동력이 만나는 역사적인 전환점을 맞이했습니다. 첫째는 4년마다 찾아오는 비트코인 반감기 이후의 상승 사이클이고, 둘째는 트럼프 대통령의 당선으로 인한 제도적 변화입니다.

과거 비트코인 반감기 이후에는 늘 강력한 상승장이 도래했습니다. 특히 알트코인은 반감기 후 7개월 즈음부터 폭발적인 상승세를 보였는데 때로는 수십 배, 수백 배의 수익률을 기록하기도 했습니다. 2024년 4월 비트코인 4차 반감기 이후에도 이러한 사이클이 반복될 것으로 예상되는데, 이번에는 도널드 트럼프 대통령의 친親암호화폐 정책이 이 상승장을 더욱 증폭시킬 것으로 보입니다.

트럼프는 "미국을 세계 암호화폐의 수도로 만들겠다"며 파격적인 공약을 발표했습니다. 미국 정부의 비트코인 보유 정책, 채굴산업 육성, 규제개혁 등 그의 정책은 암호화폐 시장에 전례 없는 호재로 작용할 것입니다.

그러나 알트코인은 결코 '존버'할 수 있는 자산이 아닙니다. 99.9%의 알트코인은 장기적으로 가치를 잃어버리며, 심지어 상승장에서도 40~50% 정도의 급격한 조정을 겪곤 합니다. 다시 말해 **알트코인 투자의 성공비결은 '타이밍'에 있습니다. 언제 사서, 언제 팔아야 하는지가 수익의 핵심이죠.**

이 책은 2024~2025년, 다가올 알트코인 상승장에서 최대의 수익을 얻을 수 있는 구체적인 전략을 제시합니다. 다양한 지표를 활용해 매수 및 매도 시점을 포착하는 방법, 종목선정 전략, 자금관리 기법 등을 상세히 다룹니다. 특히 지난 2016~2017년, 2020~2021년 상승장의 실제 데이터를 분석하여, 이번 상승장을 대비하는 실전적인 전략을 제시했습니다.

이 책이 여러분의 인생을 바꾸는 나침반이 되기를 희망합니다. 다만 기억하십시오. 알트코인은 결코 '영원한 동반자'가 될 수 없습니다. 우리의 목표는 상승장의 중간 즈음에서 사서, 끝자락에서 팔아 이번 기회를 현명하게 활용하는 것입니다. 시장의 파도를 잘 읽고 적절한 시점에 탈출할 수 있다면, 2024~2025년은 여러분의 인생에 잊지 못할 전환점이 될 것입니다.

강환국

트럼프 당선의 최대 수혜 자산, 알트코인

과거 미국 대선 이후에는 늘 상승장이 찾아왔습니다. 그런데 2016~ 2017년 상승장은 마치 마라톤 선수처럼 1년 넘게 강력한 상승세를 이어갔지만, 2020~2021년 상승장은 단거리 선수처럼 6개월 정도로 짧았죠.

그렇다면 2024~2025년 상승장은 어떤 모습을 보여줄까요? 여러 정황을 볼 때, 트럼프의 당선은 2016~2017년 때와 유사한 역사적인 상승장을 촉발할 가능성이 큽니다.

이런 전망의 첫 번째 근거는 **트럼프의 극적인 변화**입니다. 2021년까지만 해도 트럼프는 "비트코인은 사기다"라고 비난하며, 비트코인이 "달러의 지배력에 위협을 가할 수 있다"고 경고했습니다. 그는 암호화폐를 규제되지 않은 자산으로 보고, 이를 통해 불법적인 활동이 촉진될 수 있다고 우려했습니다.

그러나 2024년 대선 캠페인을 시작하면서 트럼프는 암호화폐 커뮤니티의 영향력과 지지를 인식하게 되었고, 이를 통해 유권자들과 산업 내 재정적 지원을 끌어들이기 위해 친암호화폐 후보로 입장을 바꾸기 시작했습니다. 암호화폐 산업에 반감을 드러냈던 그는 이제 "비트코인은 100년 전 철강산업과 같다"며 격찬하고 있습니다. 그는 자신의 NFT 컬렉션을 출시하고, 비트코인으로 후원금을 받으며, 윙클보스 형제Cameron Winklevoss & Tyler Winklevoss와 암호화폐 거래소 크라켄Kraken의 제시 파월Jesse Powell 같은 암호화폐 업계의 주요 인사들과 협력했습니다. 단순한 레토릭이 아닌, 구체적인 정책으로 이를 뒷받침하고 있다는 점이 중요합니다.

두 번째는 정부의 비트코인 보유정책입니다. "미국 정부가 현재 보유하거나 미래에 획득하게 될 비트코인을 100% 전량 보유하는 게 내 행정부의 정책이 될 것"이라는 트럼프의 선언은 시장에 엄청난 파급력을 미칠 수 있습니다. 현재 미국 정부는 전체 공급량의 1% 수준인 210,000BTC를 보유하고 있는데, 이를 영구적인 국가자산으로 삼겠다는 것입니다. 이는 테슬라Tesla의 비트코인 매입이 시장에 미친 영향을 훨씬 뛰어넘는 제도적 채택이 될 것입니다.

세 번째는 미국을 비트코인 채굴의 중심지로 만들겠다는 계획입니다. 트럼프는 "남아 있는 모든 비트코인 채굴이 미국에서 이루어지기를 바란다"는 발언에 이어, "미국을 세계에서 가장 저렴한 에너지 비용을 가진 국가로 만들겠다"는 구체적인 실행계획까지 제시했습니다. 화석연료와 원자력을 포함한 모든 에너지원을 활용해 이를 실현하겠다는 의지를 보였죠.

네 번째는 **규제환경의 극적인 개선**입니다. 취임 첫날 개리 젠슬러 Gary Gensler 미국증권거래위원회SEC 위원장을 해임하고, 100일 내에 투명한 규제 가이드라인을 수립하겠다는 약속, 중앙은행디지털화폐CBDC 개발 중단 선언, 업계 전문가들로 구성된 대통령 자문위원회 설립 등은 시장에 엄청난 호재로 작용할 것입니다.

다섯 번째는 트럼프의 **인플레이션 대응전략**입니다. "비트코인이 달러를 위협하는 것이 아니라, 현 정부의 행태가 달러를 위협하고 있다"는 그의 발언은 비트코인을 인플레이션 헤지 수단으로 인정하는 것과 다름없습니다. 실제로 그는 자신의 재임기간 동안 인플레이션율은 1.4%에 불과했다는 점을 강조하며, 향후에도 이러한 기조를 유지하겠다고 약속했습니다.

"미국이 지구의 암호화폐 수도이자 세계의 비트코인 슈퍼파워"가 되어야 한다는 트럼프의 비전이 실현된다면, 2024~2025년 상승장은 2016~2017년과 유사한 역사적인 상승장이 될 가능성이 큽니다. 그의 당선은 단순한 정권교체가 아닌, 미국이 '비트코인 국가'로 전환하는 역사적인 변곡점이 될 수 있기 때문입니다.

이는 비트코인뿐만 아니라 알트코인 시장에도 엄청난 호재로 작용할 것입니다. "암호화폐에 미래가 달렸다면 미국에서 채굴되고, 제조되고, 제작되어야 한다"라는 트럼프의 발언은 전체 암호화폐 생태계에 대한 포용적인 태도를 보여주며, 이는 2017년처럼, 어쩌면 그 이상의 '알트코인 시즌'으로 이어질 수 있습니다.

이제 암호화폐 시장은 역사적인 갈림길 앞에 서 있습니다. 트럼프의 당선은 단순한 투기적 상승이 아닌, 제도권이 인정하고 국가가 보증하는 새로운 차원의 상승장을 야기할 수 있습니다. "비트코인과 가상화폐는 여러분의 기대를 넘어 그 어느 때보다 치솟을 것"이라는 그의 예언이 현실이 될 날이 멀지 않아 보입니다.

참고로 트럼프의 첫 재임기간이었던 2017년 1월 20일부터 2021년 1월 20일까지 비트코인은 무려 3,800% 상승했고, 100배 이상 상승한 알트코인도 매우 많았습니다. 이번에도 비슷한 수익률을 기대한다면 너무 큰 욕심일까요? 저는 현실적인 사람이지만 그래도 기대되는 것도 사실입니다.

■ 트럼프가 'BITCOIN 2024 CONFERENCE'에서 발표한 암호화폐 산업정책 로드맵

정책 분류	정책	세부 내용
정부 차원의 비트코인 정책	비트코인 보유전략	정부가 보유한 210,000BTC(전체 공급량의 1%) 영구 보유
		미래에 획득하는 비트코인도 100% 보유 유지
	국가 전략 자산화	전략적 국가 비트코인 비축량Strategic National Bitcoin Stockpile 구축
		영구적인 국가자산으로 관리하여 모든 미국인이 혜택을 받도록 함
산업진흥 정책	채굴산업 육성	남은 모든 비트코인 채굴을 미국에서 진행하도록 유도
		세계에서 가장 저렴한 에너지 비용 실현을 통한 채굴 경쟁력 확보
	암호화폐 산업 육성	"암호화폐에 미래가 달렸다면 미국에서 채굴되고, 제조되고, 제작되어야 한다"
		미국을 세계 암호화폐의 수도Crypto Capital로 육성

규제개혁	SEC 개혁	취임 첫날 게리 겐슬러 SEC 위원장 해임
		산업발전을 지지하는 새로운 위원장 임명 예정
	규제 프레임워크 수립	취임 후100일 내 투명한 규제 가이드라인 수립
		업계 전문가로 구성된 대통령 자문위원회 설립
	Operation Chokepoint 2.0 중단	암호화폐 산업에 대한 금융권의 서비스 제한정책 즉시 중단
금융정책	CBDC 정책	중앙은행디지털화폐 개발 프로젝트 전면 중단
	스테이블코인 지원	안전하고 책임 있는 스테이블코인 확장을 위한 프레임워크 구축
		달러 기반 스테이블코인을 통한 미국 달러 지배력 강화
	자기수탁Self-Custody	개인의 암호화폐 자기수탁 권리 보호
암호화폐 산업 비전 발표	산업적 가치	"비트코인은 100년 전 철강산업과 같은 잠재력 보유"
		"산업과 경제를 혁신할 수 있는 동력"
	미국의 역할	"미국이 지구의 가상화폐 수도이자 세계의 비트코인 슈퍼파워"
	경제적 전망	"비트코인과 가상화폐는 여러분의 기대를 넘어 그 어느 때보다 치솟을 것"

차 례

PART 2

상승장을 활용하는 중장기 전략

PART 3

알트코인 단기 트레이딩 전략

PART 4

알트코인 초단기 자동매매 전략

트럼프와 함께하는 **알트코인 대폭등**

PART

1

알트코인 투자의
큰 그림

01

코인 시장의 4단계 사이클

"야, 너도 들었어? 리플이 어제 50% 올랐대!" "그게 뭐야, 이더리움은 100배 올랐다던데?"

2017년 겨울, 서울의 한 카페에서 제가 직접 들었던 대화입니다. 그 당시 저는 암호화폐 열기를 곳곳에서 직접 목격했습니다. 길거리에서, 카페에서, 지하철에서, 심지어 미용실에서도 코인 이야기가 끊이지 않았죠. 웃음소리와 함께 "나 오늘만 300% 벌었다"는 말이 여기저기서 들려왔습니다.

허황된 이야기였을까요? 아니요. 차트와 숫자가 이 모든 것을 증명합니다.

■ 비트코인 2차 반감기 이후 3단계(2016.10.9~2018.1.14) 주요 코인 수익률

코인	3단계 수익률	코인	3단계 수익률
BTC	2,132.99%	XEM	35,791.15%
ETH	11,242.49%	DGD	1,575.81%
XRP	24,574.53%	DOGE	7,268.42%
LTC	6,156.19%	LSK	12,787.03%
ETC	3,575.88%	FCT	2,640.44%
XMR	5,242.89%	WAVES	5,123.74%
DASH	8,649.53%	XLM	26,453.03%
REP	1,243.51%	EMC	2,190.94%
STEEM	1,586.24%	PPY	−38.60%
MAID	1,046.90%	AMP	365.00%

출처: CoinMarketCap

2017년, 비트코인은 2,132% 올랐습니다. 1,000만 원이 2억 원이 된 거죠. 대단해 보이나요? 하지만 이건 빙산의 일각이었습니다. 같은 기간 리플XRP은 246배, 넴XEM은 357배, 이더리움ETH은 112배, 리스크LSK는 128배 올랐습니다.

당시 상위 20개 알트코인의 평균 수익률은 무려 8,728%였습니다. 1년 만에 1,000만 원이 9억 원이 된 셈이죠. "그래, 그건 옛날 이야기고…"라고 생각하시나요?

2020년 말, 또 한 번의 기적이 찾아왔습니다. 코로나19로 전 세계가 멈춰 섰을 때, 오히려 코인 시장은 폭발했습니다.

■ **비트코인 3차 반감기 이후 3단계(2020.9.6~2021.5.10) 주요 코인 수익률**

코인	3단계 수익률	코인	3단계 수익률
BTC	466.44%	EOS	261.59%
ETH	1,011.85%	ADA	1,802.64%
XRP	537.85%	TRX	353.36%
LINK	304.34%	XTZ	176.90%
BCH	525.31%	XLM	707.35%
DOT	739.88%	XMR	501.99%
BNB	2,755.67%	LEO	141.72%
LTC	704.27%	XEM	178.76%
BSV	119.78%	NEO	593.26%
CRO	17.71%	DOGE	20,355.69%

출처: CoinMarketCap

비트코인도 466% 상승했으나 도지코인**DOGE**은 204배, 카르다노**ADA**는 18배, 바이낸스코인**BNB**은 28배, 이더리움은 10배 상승했습니다! 그리고 상위 20개 알트코인의 평균 수익률은 1,751%에 달했습니다. 팬데믹 속에서도, 아니 오히려 팬데믹 때문에 더 큰 수익을 낸 투자자들이 넘쳐났죠.

그리고 지금, 2024년. 우리는 또다시 그 마법 같은 순간 앞에 서 있습니다. 코인 투자의 큰 그림을 이해하는 것은 생각보다 어렵지 않습니다. 코인 시장에는 명확한 **4단계의 사이클**이 있습니다. 마치 농부가 계절의 변화를 읽고 농사를 계획하듯, 투자자도 먼저 이 사이클을 이해해야 성공할 수 있습니다.

1단계: 상승기 초반(봄)

비트코인 반감기 12~18개월 전부터 코인 시장은 서서히 상승하기 시작합니다. 초기 투자자들이 조용히 자리를 잡기 시작합니다. 아직 일반 투자자들의 관심은 적지만, 차트는 이미 상승의 기운을 보입니다. 특히 기관 투자자들이 비트코인부터 차근차근 매수하기 시작하죠.

2단계: 횡보(여름)

반감기가 찾아오면, 시장은 잠시 숨고르기에 들어갑니다. 마치 한여름에 대부분의 사람들이 휴가를 떠나듯, 시장은 뚜렷한 방향성 없이 횡보합니다. 많은 투자자들이 지루함을 느끼고 포기하기도 하죠. 하지만 이는 폭풍 전의 고요함일 뿐입니다.

3단계: 상승기 후반(가을)

진정한 드라마는 가을에 시작됩니다. 반감기 후 약 6개월, 마치 추수의 계절처럼 수익이 폭발적으로 쏟아지기 시작합니다. 특히 알트코인들이 비트코인을 크게 앞지르며 놀라운 상승률을 기록합니다. 2017년과 2020~2021년, 우리가 목격했던 '미친 상승장'이 바로 이 시기였죠.

뉴스에서는 연일 새로운 고점 소식을 전하고, 거리에서는 택시기사부터 학생들까지 모두가 코인 이야기를 합니다. "이번에 놓치면 영원히 기회가 없을 것 같다"는 FOMO**Fear of Missing Out** 심리가 시장을 지배하죠. 하루 만에 몇 배씩 오르는 알트코인들이 속출하고, 많은 이들이 "이번에는 다르다"고 믿기 시작합니다.

4단계: 암호화폐의 겨울**Crypto Winter**

하지만 결국 겨울이 찾아옵니다. 반감기 후 12~18개월이 지나면, 축제는 끝나고 혹독한 현실이 시작됩니다. 대부분의 알트코인이 1년이나 1년 반 만에 90% 이상 폭락하고, 미디어는 앞다투어 코인의 종말을 예고합니다. "코인은 이제 끝났다"는 비관론이 시장을 지배하고, 많은 프로젝트들이 사라지거나 개발을 중단합니다.

2024년 4월 20일, 우리는 네 번째 반감기를 맞이했습니다. 그리고 지금… 우리는 바로 3단계, 그 '폭발적인 상승'의 문턱에 서있습니다.

"아, 비트코인도 지금 많이 올랐는데요?" 맞습니다. 비트코인도 앞으로 2~3배, 정말 많이 오르면 5배 오를 수 있습니다. 하지만 진정한 기회는, 5~10배 또는 그 이상 버는 기회는 알트코인에 있습니다. 과거 두 번의 사이클이 이를 증명하고 있습니다.

현재 우리는 2024년 4월 20일 4차 반감기를 거쳤고, 이제 3단계, 즉 알트코인이 큰 폭으로 상승하는 상승기 후반에 진입한 상태입니다. 다시 말해, 2017년과 2020~2021년에 경험했던 '미친 상승장'이 바로 눈앞에 다가오고 있는 것입니다.

"알트코인은 위험하다고 하는데, 그냥 비트코인 사면 안 되나요?"

이런 질문을 자주 받습니다.

지금은 비트코인을 사기에도 좋은 시기입니다. 내년까지 2~3배의 수익을 기대할 수 있을 것입니다. 하지만 진정으로 인생 역전을 꿈꾸고, 수십 배에 달하는 수익을 원한다면, 알트코인을 놓쳐서는 안 됩니다! 이번 사이클의 기회를 잡는다면 여러분도 그 놀라운 수익의 주인공이 될 수 있습니다. 이것이 우리가 알트코인에 투자해야 하는 가장 큰 이유입니다. 이 책은 여러분에게 두 가지를 약속드립니다.

하나. 이번 3단계 상승장의 '단물'을 어떻게 빨아먹을 수 있는지

둘. 4단계 '암호화폐의 겨울'이 오기 전에 어떻게 안전하게 빠져나올 수 있는지

2017년의 기회를 놓치셨나요? 2020~2021년의 기회도 놓치셨나요?

걱정 마세요. 2024~2025년, 새로운 전설이 시작됩니다. 이번에는 여러분이 그 전설의 주인공이 될 차례입니다.

준비되셨나요? 함께 이 놀라운 여정을 시작해 보시겠습니까?

02

DNA가 다른
알트코인과 비트코인

알트코인으로 돈을 버는 구체적인 방법을 설명하기 전에, 꼭 강조드리고 싶은 게 있습니다.

알트코인은 절대로 장기투자하면 안 됩니다.

이건 정말 너무 중요한 내용이라 다시 한 번 강조하겠습니다.

알트코인은 절대로 장기투자하면 안 됩니다.

2018년 1월, 그 뜨거웠던 첫 번째 코인 열풍의 정점에서 상위 10위권에 있던 알트코인들의 운명을 추적해 봤습니다. 마치 고등학교 동창회에서 옛 친구들의 근황을 듣는 것처럼요.

■ 2018년 1월 8일 기준 상위 10위권 알트코인

Rank	Name	Symbol	Market Cap	Price
1	Bitcoin	BTC	$276,634,593,972.51	$16,477.59
2	XRP	XRP	$130,853,590,978.56	$3.3778
3	Ethereum	ETH	$111,670,506,535.05	$1,153.17
4	Bitcoin Cash	BCH	$47,096,266,034.81	$2,786.88
5	Cardano	ADA	$26,147,944,637.95	$1.0085
6	NEM	XEM	$16,584,480,283.80	$1.8427
7	Litecoin	LTC	$15,766,509,797.32	$288.45
8	TRON	TRX	$13,126,926,719.67	$0.1997
9	Stellar	XLM	$12,508,160,612.42	$0.6996
10	IOTA	MIOTA	$11,314,255,332.03	$4.0706
11	Dash	DASH	$10,032,309,521.82	$1,285.43

출처: CoinMarketCap

당시 시가총액 기준 상위 10위 알트코인들의 이름과 가격을 기억하십니까? 비트코인, 이더리움, 리플 같은 이름은 익숙하실 겁니다. 하지만, NEM? Stellar? IOTA? 지금 보면 생소하지 않나요?

저는 이 책을 집필하던 2024년 10월 20일, 그날의 알트코인 가격과 2018년 최고가 당시의 가격을 비교해 보았습니다. 결과를 보고 저는 저도 모르게 "오 마이 갓!"이라고 소리치고 말았죠.

■ **2018년 1월 8일 vs. 2024년 10월 20일 주요 코인 달러 가격**

코인	2018.1.8.	2024.10.20.
XRP	3.38	0.55
ETH	1,153.17	2,746.36
BCH	2,786.88	369.36
ADA	1.01	0.36
XEM	1.84	0.02
LTC	288.45	74.31
TRX	0.20	0.16
XLM	0.70	0.10
MIOTA	4.07	0.13
DASH	1,285.43	24.63

출처: CoinMarketCap

1차 버블 이후 6년 반이나 지났지만, 당시 상위 10대 알트코인 중 **이더리움을 제외하고는** 그때의 가격을 넘어선 알트코인이 단 한 개도 없었습니다! 한때 1,285달러였던 대시DASH는 지금 24달러가 되었습니다. 마치 연매출 12억 원이던 회사의 매출이 2,000만 원대로 추락한 것과 같죠. 4달러를 호가하던 아이오타**MIOTA**는 이제 개당 13센트에 불과합니다. 100만 원어치를 샀다면 지금 3만 원도 안 되는 거죠.

대시와 아이오타를 제외하고도 당시 최고가 대비 90% 이상 빠진 코인이 정말, 정말 많습니다! 충격적이지 않습니까? 지금 이 순간에도 많은 사람들이 알트코인을 장기보유하고 있지만, 이 데이터는 너무나도 명백합니다.

두 번째 큰 상승장은 2021년 5월에 마침표를 찍었습니다. 코로나19 팬데믹 이후, 전 세계 정부가 대규모로 돈을 풀면서 코인뿐만 아니라 주식, 부동산 등 거의 모든 자산이 급등했습니다. 당시 시장의 열기는 그야말로 '광란' 그 자체였죠. 당시 도지코인은 일론 머스크**Elon Musk**의 트윗 한 번에 하루 만에 50% 넘게 오르기도 했습니다.

■ 2021년 5월 9일 기준 상위 10위권 알트코인

1	Bitcoin	BTC	$1,089,244,557,675.55	$58,232.32
2	Ethereum	ETH	$454,991,994,900.06	$3,928.84
3	Binance Coin	BNB	$101,607,648,677.76	$662.23
4	Dogecoin	DOGE	$73,841,942,943.12	$0.5701
5	Cardano	ADA	$56,566,463,236.90	$1.7706
6	Tether	USDT	$55,539,697,236.75	$1.0001
7	XRP	XRP	$53,901,564,261.50	$1.5353
8	Polkadot	DOT	$37,754,263,203.32	$40.31
9	Bitcoin Cash	BCH	$26,759,773,845.50	$1,428.53
10	Litecoin	LTC	$25,796,522,602.13	$386.45
11	Chainlink	LINK	$21,871,752,692.13	$52.20
12	Uniswap	UNI	$20,637,058,034.89	$39.43

출처: CoinMarketCap

■ 2021년 5월 9일 가격 vs. 2024년 10월 20일 주요 코인 달러 가격

코인	2021.5.9.	2024.10.20.
ETH	3,928.84	2,746.36
BNB	662.23	605.52
DOGE	0.57	0.14
ADA	1.77	0.36
XRP	1.53	0.55
DOT	40.31	4.57
BCH	1,428.53	369.36
LTC	386.45	74.31
LINK	52.2	11.96
UNI	39.43	7.75

출처: CoinMarketCap

그럼, 이번에도 현재 가격과 2021년 당시의 가격을 비교해 볼까요?

3년 반이 지난 지금, 그때 가격을 회복한 알트코인이 단 하나도 없다는 사실! 폴카닷**DOT**은 40달러에서 4달러로, 유니스왑**UNI**은 39달러에서 7달러로 떨어졌습니다. 마치 비싼 명품가방을 샀는데 순식간에 시장 노점에서 파는 가방값도 안 되는 상황이 된 거죠.

이것이 의미하는 바는 굉장히 큽니다. 2017년, 2020~2021년 당시 열기에 휩쓸려 장기보유를 선택했던 많은 사람들이 아직도 손실을 복구하지 못하고 있다는 것입니다. 알트코인은 타이밍이 전부입니다. 시장의 흐름을 정확히 읽고, 상승장을 노리는 전략적 접근이 필요합니다. 그렇지 않으면 알트코인 투자는 오히려 큰 리스크가 될 수 있습니다.

지난 알트코인 시장의 결과에서 더 충격적인 건 MDD**Maximum**

Drawdown(최대 낙폭)입니다.

■ **주요 알트코인 MDD**

코인	MDD
ETH	94.8%
BNB	90.2%
SOL	96.5%
XRP	96.7%
DOGE	93.4%
TON	93.0%
TRX	96.6%
ADA	98.6%
AVAX	94.1%

출처: CoinMarketCap

MDD는 고점 대비 최대 하락을 의미합니다. 예를 들면 최근 비트코인의 최고점이 1억 원이라고 치고, 2년 후 가격이 2,000만 원으로 떨어지고 다시 상승한다면 MDD는 80%가 되겠죠.

분석대상이 된 모든 주요 암호화폐들은 90% 이상의 극단적인 낙폭을 경험했습니다. 이는 암호화폐 시장의 높은 변동성을 여실히 보여주는 증거입니다. 특히 카르다노의 경우 98.6%라는 거의 100%에 가까운 낙폭을 기록했는데, 이는 투자금 100만 원이 한때 1.4만 원까지 떨어졌다는 것을 의미합니다. 이처럼 극단적인 낙폭은 암호화폐 투자의 높은 위험성을 단적으로 보여줍니다.

그나마 위에 있는 코인들은 지금도 널리 알려진 시가총액 상위 알트코인인데, 고점 대비 99% 이상 하락하고 아무도 기억하지 못하는 알트코인도 수두룩합니다! 제 친구 중 한 명은 2021년에 "이번엔 진짜 가즈아!"를 외치며 전 재산의 절반을 알트코인에 투자했다가, 지금은 매일 밤 엑셀 파일을 들여다보며 한숨만 쉽니다. 마치 로또 당첨을 확신하고 전 재산을 투자했다가 꽝을 맞은 것처럼요.

이쯤 되면 아시겠죠? 알트코인은 마치 유통기한이 짧은 생선과 같습니다. 제때 팔지 않으면 상해버리는 겁니다. 반면 비트코인은 오래 묵을수록 가치가 올라가는 와인 같은 존재라고 할 수 있죠.

알트코인의 99.9%는 쓰레기다

"와, 이거 대박이에요! 블록체인으로 의료기록을 관리하면…."

"우리 프로젝트는 탈중앙화 금융의 미래를…."

"이 코인은 물류 혁신의 판도를…."

매일같이 쏟아지는 알트코인 광고들. 마치 홈쇼핑에서 "이것 하나면 청소도 하고, 요리도 하고, 안마까지 다 됩니다!"라고 외치는 것과 비슷해 보이지 않나요?

2025년부터 우리가 맞이할 '4단계 하락장'은 매우 끔찍할 겁니다. 그런데 "모든 자산은 하락하더라도 결국엔 회복하지 않나?"라고 생각하는 분들도 계실 겁니다.

미국 S&P500 지수를 보세요. 2008년 리먼 브라더스 사태로 촉발된

금융위기 때 반토막이 났지만? 결국 회복했죠. 2020년 코로나19 때 폭락했지만? 더 높이 올라갔죠.

강남 아파트값도 마찬가지입니다. 1997년 IMF 때 반값으로 떨어졌지만? 지금은 천정부지로 치솟았죠. 2008년 금융위기 때도 흔들렸지만? 결국 신고가를 찍었죠.

자산은 단기적으로는 정책이나 경제상황에 따라 조정을 겪지만, 장기적으로는 계속해서 상승해 왔습니다. 그렇다면 왜 대부분의 알트코인은 이런 패턴을 따르지 못하는 걸까요? 이는 알트코인 시장의 근본적인 문제점을 보여주는 중요한 질문입니다.

여러분, 충격적인 숫자 하나를 공개하겠습니다. 현재 전 세계에 존재하는 코인의 수가 무려 240만 개입니다. 전 세계 주식시장에 상장된 기업이 6만 개라는 걸 생각하면… 네, 맞습니다. 코인의 수가 주식보다 40배나 많은 거죠. 이게 말이 됩니까? 우리 동네에 치킨집이 3개 있는 것 같은데, 40배가 늘어서 120개가 생기면 어떨까요? 조그만 동네에 치킨집이 120개면 대부분 망하겠죠? 알트코인도 마찬가지입니다.

코인 시장의 전체 시가총액이 2.35조 달러라고 합니다. 그중 절반 이상인 1.36조 달러가 비트코인의 몫이고, 나머지를 알트코인들이 나눠 갖고 있습니다. 알트코인을 만드는 사람들은 항상 자신들의 기술로 무언가를 혁신하고 있다고 주장합니다. 그들은 비트코인의 한계를 극복하고, 블록체인 기술을 활용해 세상을 바꿀 수 있다고 말합니다. 하지만 현실은 어떨까요?

비트코인이 등장한 지 16년이 지났습니다. 이는 블록체인 기술이 상용화된 지 꽤 오랜 시간이 지났다는 것을 의미합니다. 그동안 암호화폐 시장에는 수십만 명이 종사하며 수조 달러가 투자되었습니다. 정말 엄청난 인적, 물적 자원이 투입된 것이죠. 근데 묻고 싶습니다.

"블록체인으로 만든 카카오톡 같은 서비스 하나라도 있나요?"

"네이버처럼 매일 쓰는 블록체인 서비스가 있나요?"

"블록체인으로 배달의민족처럼 성공한 앱이 있나요?"

답은 "No"입니다. 16년 동안, 수조 원을 투자하고도 우리가 실생활에서 쓸 만한 서비스를 하나도 못 만들었다니… 이게 말이 됩니까? 물론 알트코인 개발자들은 이렇게 말합니다.

"아니에요, 저희는 열심히 개발 중이에요!"

"곧 혁신적인 서비스가 나올 거예요!"

"이번에는 진짜예요!"

그런데 이 말들, 어디서 많이 들어본 것 같지 않나요? 2017년에도 똑같은 말을 했고, 2021년에도 똑같은 말을 했죠. 2024년인 지금도… 네, 여전히 똑같은 말을 하고 있습니다.

의료기록을 블록체인에 저장한다고요? 엑셀로 충분합니다.

물류추적을 블록체인으로 한다고요? 바코드로 충분합니다.

금융거래를 블록체인으로 한다고요? 은행 앱으로 충분합니다.

이게 바로 현실입니다. 대부분의 알트코인은 마치 망치로 모기를 잡으려는 것처럼 불필요하게 복잡한 해결책을 제시하고 있습니다. 결국 아직까지 블록체인 기술의 '킬러 앱'은 존재하지 않는 것이 현실입니다. 비트코인을 제외하면, 블록체인 기술이 정말로 필수적이고 혁신적인 역할을 하는 서비스를 찾기 어렵습니다.

그래도 저는 "알트코인 100%가 쓰레기"라고 하지는 않습니다. 99.9%라고 합니다. 왜냐고요?

언젠가는 대중에게 사랑받는 훌륭한 블록체인 기반 서비스가 등장할 가능성은 있습니다. 기술의 발전은 때로 우리의 예상을 뛰어넘기도 하니까요. 저는 사람들이 불가능하다고 여기는 것, 예를 들면 돼지가 하늘을 날 수 있다는 가능성도 0%라고 단정짓지 않습니다. 저는 매우 개방적인 사람이니까요. 저는 아직 하늘을 나는 돼지를 본 적은 없지만, 돼지가 계속 진화한다면 누가 알겠습니까?

그래서 "알트코인의 100%가 쓰레기다"가 아닌 "99.9%가 쓰레기다"라고 말하는 것입니다. 혁신의 가능성은 항상 열어두어야 하니까요. 0.1%의 가능성이라도 존재한다면, 그것이 세상을 바꿀 수 있는 혁신으로 이어질 수 있을 것입니다. 그래도 블록체인 킬러 앱이 등장할 가능성이 돼지가 하늘을 날 가능성보다는 좀 더 높지 않을까요?

비트코인은 알트코인과 무엇이 다른가?

비트코인은 어떻게 다를까요? 저는 '비트코인 맥시멀리스트Bitcoin Maximalist'입니다. **비트코인도 변동성이 큰 자산이지만 결과적으로 장기적으로 계속 우상향할 것이라고 믿는 사람이죠.** 비트코인이 우상향할 가능성이 높은 이유, 비트코인이 **장기적으로 우상향할 수 없는 알트코**

인들과 다른 근본적인 차이점을 살펴 보겠습니다.

1. 희소성과 고정된 공급량

비트코인의 가장 큰 강점 중 하나는 희소성입니다. 비트코인의 총 발행량은 2,100만 개로 고정되어 있습니다. 절대 변하지 않는 숫자죠. 그리고 4년마다 채굴보상이 반으로 줄어드는 '반감기'도 정해져 있습니다. 이는 인플레이션 압력을 낮추고, 장기적으로 가치상승을 유도할 수 있습니다.

달러를 보세요. 계속 찍어내죠? 원화도 보세요. 매년 늘어나죠? 알트코인들도 마찬가지입니다. "개발자금이 필요해서 추가로 발행했습니다!" "생태계 활성화를 위해 물량을 더 풀었습니다!" 등 핑계는 매우 많습니다. 공급량이 계속 늘어날 수 있다는 점은 알트코인의 큰 약점입니다.

2. 탈중앙화와 검열 저항성

비트코인을 만든 사람은 사토시 나카모토입니다. 신기하게도 아무도 그의 정체를 모릅니다. 더 신기한 건? 이게 오히려 축복이라는 거죠. 이게 왜 좋냐고요?

누구도 비트코인을 통제할 수 없기 때문입니다. 창시자가 "제가 방향을 바꾸겠습니다"라고 할 수도 없고, "제가 가진 비트코인을 다 팔겠습니다"라고 협박할 수도 없고, "이제 이걸 중앙화된 시스템으로 바꾸겠습니다"라고 말할 수도 없죠.

마치 인터넷을 누가 만들었는지 몰라도 인터넷이 잘 작동하는 것처럼, 이메일을 누가 발명했는지 몰라도 이메일이 잘 전송되는 것처럼 비트코인은 이제 '누구의 것도 아닌, 모두의 것'이 되었습니다. 이게 바로 진정한 탈중앙화입니다. 그래서 창시자가 사라진 것이 축복인 거죠.

만약 사토시 나카모토가 지금도 활발하게 활동하고 있다면? 그의 한 마디 한 마디에 시장이 출렁이고, 그의 결정 하나하나에 투자자들이 휘둘리고, 결국 비트코인은 '그의 것'이 되어버렸을 테니까요. 비트코인이 특별한 이유가 바로 이것입니다. 창시자가 없기에 더욱 강하고, 리더가 없기에 더욱 안정적이고, 통제하는 사람이 없기에 더욱 신뢰할 수 있는 시스템이 된 것이죠.

이와 다르게 알트코인은 대부분 중앙집권적 의사결정 구조입니다. 재단이 있고, 대표도 있고, 개발팀이 있습니다. 이들이 마음대로 규칙을 바꾸고, 마음대로 물량을 조절하고, 마음대로 방향을 전환합니다.

3. 글로벌 채택 증가

비트코인의 사용자 기반은 꾸준히 확대되고 있습니다. 우선 개인 투자자부터 기관 투자자까지 다양한 주체들이 비트코인을 자산 포트폴리오에 포함시키고 있습니다. 엘살바도르의 경우 비트코인을 법정화폐로 채택했습니다. 테슬라나 마이크로스트래티지MicroStrategy 등 상장 기업들이 비트코인을 대거 매입했고, 블랙록BlackRock 같은 세계 최대 규모 자산운용사도 비트코인 ETF를 채택했습니다.

알트코인도 사용자 기반이 확대되는 것은 사실이나 아직까지 비트코인처럼 기관 투자자들의 지지를 받지 못하고 있으며, 2024년 10월 기준 이더리움을 제외하면 아직도 대형 기관들이 선뜻 투자하지 못하고 있습니다.

4. 금융 시스템의 대안으로서의 역할

전 세계 많은 사람들이 비트코인을 '디지털 금'이라고 부릅니다. 인플레이션으로부터 자산을 지키는 수단으로 보는 거죠. 은행계좌가 없는 사람들도, 국경 간 송금이 필요한 사람들도, 정치적으로 불안한 환경에서 자산을 보호하려는 사람들도, 비트코인을 선택하고 있습니다. 반면 대부분의 알트코인은? 수많은 기능을 약속하지만, 어느 것 하나 제대로 된 것이 없습니다. 마치 뭐든 할 수 있다고 하지만, 정작 아무것도 제대로 못 하는 사람처럼요.

이것이 바로 비트코인이 특별한 이유입니다. 단순하지만 강력하고, 복잡하지 않지만 신뢰할 수 있고, 화려하지 않지만 가치 있습니다.

그래서 저는 '비트코인 맥시멀리스트'가 되었습니다.

저는 비트코인은 장기투자자 가능하다고 믿고, 알트코인은 '한철 장사'라고 믿는 사람입니다.

그래도 지금은 알트코인이다

지금쯤 여러분의 머릿속에 이런 의문이 들 것 같습니다. "알트코인

책을 쓰는 사람이 알트코인을 쓰레기라고 매도하고 비트코인을 찬양하네? 이게 뭐지?"

이해가 안 되시죠? 그렇다면 제가 앞서 1장에서 보여드린 숫자들을 다시 한 번 보시겠습니다.

2차 반감기 후 비트코인은 약 20배 오른 반면, 20대 알트코인은 80배 이상 올랐고, 넴 같은 코인은 350배 이상 올랐습니다.

3차 반감기 후 비트코인은 6배 정도 상승했는데 20대 알트코인은 17배 이상 올랐고, 도지코인은 200배 이상 상승했습니다.

이게 바로 알트코인의 양면성입니다. 마치 지킬 박사와 하이드처럼요.

착한 지킬 박사일 때는? (3단계) 어떤 투자보다도 높은 수익을 줍니다. 주식? 부동산? 금? 비트코인? 다 비교가 안 되죠. 하지만 사악한 하이드로 변할 때는? (4단계) 투자금의 90%를 순식간에 날려버립니다. 또한 많은 블록체인 프로젝트들이 이 단계에서 사라지거나 실패하고, 투자자도 심리적 압박이 극에 달해 잘못된 결정을 내릴 가능성이 높습니다.

그렇기에 저는 알트코인을 '쓰레기'라고 부르면서도, 동시에 알트코인의 그 투자가치를 인정합니다. 평소에는 아무 가치 없는 쓰레기지만, 딱 맞는 타이밍, 딱 맞는 조건이 되면 순금으로 변하는 자산입니다.

이 책의 목표는 두 가지입니다.

하나, 어떻게 3단계에서 수익을 극대화하는가?
둘, 어떻게 4단계를 최대한 피해가는가?

■ 비트코인 2차 반감기 이후 3단계(2016.10.9.~2018.1.14.) 주요 코인 수익률

코인	3단계 수익률	코인	3단계 수익률
BTC	2,132.99%	XEM	35,791.15%
ETH	11,242.49%	DGD	1,575.81%
XRP	24,574.53%	DOGE	7,268.42%
LTC	6,156.19%	LSK	12,787.03%
ETC	3,575.88%	FCT	2,640.44%
XMR	5,242.89%	WAVES	5,123.74%
DASH	8,649.53%	XLM	26,453.03%
REP	1,243.51%	EMC	2,190.94%
STEEM	1,586.24%	PPY	−38.60%
MAID	1,046.90%	AMP	365.00%

출처: CoinMarketCap

■ 비트코인 3차 반감기 이후 3단계(2020.9.6.~2021.5.10.) 주요 코인 수익률

코인	3단계 수익률	코인	3단계 수익률
BTC	466.44%	EOS	261.59%
ETH	1,011.85%	ADA	1,802.64%
XRP	537.85%	TRX	353.36%
LINK	304.34%	XTZ	176.90%
BCH	525.31%	XLM	707.35%
DOT	739.88%	XMR	501.99%
BNB	2,755.67%	LEO	141.72%
LTC	704.27%	XEM	178.76%
BSV	119.78%	NEO	593.26%
CRO	17.71%	DOGE	20,355.69%

출처: CoinMarketCap

마치 맹수 조련사처럼, 알트코인이라는 위험한 동물을 다루는 법을 제가 알려드리겠습니다. 잘못 다룬다면 물어뜯길 수 있지만, 제대로만 다룬다면 엄청난 쇼의 주인공이 될 수 있을 겁니다.

자, 이제 시작해 볼까요? 알트코인이라는 맹수를 길들이는 법을!

03

비트코인&알트코인
사이클, 4년마다
찾아오는 황금기

암호화폐 시장에서 왕은 단 하나, 바로 '비트코인'입니다. 현재 비트코인의 시가총액은 전체 암호화폐 시장의 50% 이상을 차지하고 있죠. 이건 정말 특별한 상황입니다. 단 하나의 자산이 시장의 절반 이상을 차지한다는 건 다른 금융시장에서는 찾아보기 힘든 현상이니까요.

이런 비트코인의 영향력을 이해하려면, 글로벌 주식시장에서 미국의 위치를 생각해 보면 됩니다.

뉴욕 증시가 상승하면? 서울도, 도쿄도, 런던도 모두 상승합니다. 뉴욕 증시가 하락하면? 전 세계 증시가 일제히 적신호가 들어오죠.

비트코인과 알트코인의 관계도 똑같습니다. 비트코인이 상승하면 알트코인들도 일제히 상승하고, 비트코인이 하락하면 알트코인들도 줄줄이 하락합니다.

그런데 여기서 정말 흥미로운 점이 있습니다. 모든 금융자산의 가격은 기본적으로 수요와 공급의 법칙을 따릅니다. **그런데 비트코인은 2008년 태어났을 때부터 2140년까지 모든 발행일정이 정해져 있다는** 거죠. 이건 정말 혁신적인 겁니다. 어떤 자산도 132년 후까지의 공급량이 정확히 정해진 경우는 없었으니까요.

더욱 특별한 것은 4년마다 찾아오는 '반감기 Halving'입니다. 반감기가 되면 비트코인의 신규 공급량이 정확히 절반으로 줄어듭니다. 마치 금광에서 금이 나오는 양이 하루아침에 반으로 줄어드는 것과 같은 상황이죠. 이건 비트코인 네트워크에 프로그래밍되어 있는 필수적인 메커니즘이라 누구도 바꿀 수 없습니다.

이 반감기를 기점으로 비트코인은 일관된 움직임을 보여왔습니다.

반감기 이후 약 1년에서 1년 반 동안 비트코인은 강력한 상승장에 돌입합니다. 그리고 알트코인들은 비트코인보다 더 폭발적인 상승세를 기록하죠. 마치 발사된 로켓처럼 가격이 치솟는 겁니다.

　이런 패턴은 놀라울 정도로 일관되게 반복되어 왔습니다. 2차 반감기 때도, 3차 반감기 때도, 그리고 지금 진행 중인 4차 반감기에서도 말이죠.

　물론 이 황금기가 영원히 지속되진 않습니다. 보통 1년에서 1년 반 정도가 지나면 시장은 하락과 조정의 시기를 맞이합니다. 하지만 이렇게 명확한 패턴이 있다는 건 우리에게 엄청난 기회가 된다는 뜻이기도 합니다. 2차, 3차 반감기 때의 가격 움직임을 자세히 분석하면, 앞으로 시장이 흘러갈 방향을 예측하는 게 생각보다 어렵지 않을 수 있습니다. 마치 밀물과 썰물의 시간을 아는 것처럼, 우리는 이제 시장의 흐름을 읽을 수 있는 지도를 가지게 된 겁니다.

　이제 이 지도를 어떻게 활용해야 하는지, 구체적으로 알아보도록 하겠습니다.

2차 반감기(2016.7.9.) 후 주요 알트코인 흐름

반감기 직후의 잠잠한 바다(1~3개월차)

반감기는 마치 큰 태풍이 지나간 것 같은 이벤트입니다. 비트코인의 신규 공급이 하루아침에 절반으로 줄어드니까요. 모두가 이때를 기다렸습니다.

"드디어 올 것이 왔다!"

"이제 비트코인이 폭등할 차례다!"

"알트코인도 따라 오를 거야!"

하지만 2016년 7월 9일, 2차 반감기 직후의 시장은 의외로 조용했습

■ 반감기 후 1~3개월차(2016.7.9.~2016.10.9.) 주요 코인 달러 가격

코인	2016.7.9.	2016.8.7.	2016.9.11.	2016.10.9.
BTC	649.36	592.69	606.72	616.75
ETH	10.95	10.91	11.64	12.05
XRP	0.006674	0.006178	0.005842	0.007543
LTC	4.0998	3.7803	3.8555	3.8151
XEM	0.00815	0.005018	0.005716	0.003877
DASH	7.4201	10.35	11.14	11.59
STEEM	0.5573	2.1156	0.6411	0.3502
MAID	0.06729	0.08571	0.1016	0.08523
LISK	0.2957	0.2233	0.2449	0.2151
DOGE	0.0002721	0.0002637	0.0002263	0.000228
XMR	1.913	1.8967	10.69	7.4776

출처: CoinMarketCap

■ 반감기 후 1~3개월차(2016.7.9.~2016.10.9.) 주요 코인 월간 수익률

코인	2016.8.7.	2016.9.11.	2016.10.9.
BTC	−8.73%	2.37%	1.65%
ETH	−0.37%	6.69%	3.52%
XRP	−7.43%	−5.44%	29.12%
LTC	−7.79%	1.99%	−1.05%
XEM	−38.43%	13.91%	−32.17%
DASH	39.49%	7.63%	4.04%
STEEM	279.62%	−69.70%	−45.38%
MAID	27.37%	18.54%	−16.11%
LISK	−24.48%	9.67%	−12.17%
DOGE	−3.09%	−14.18%	0.75%
XMR	−0.85%	463.61%	−30.05%
알트코인 평균	26.40%	43.27%	−9.95%

출처: CoinMarketCap

니다. 비트코인 가격은 649달러에서 617달러로 하락했고, 이더리움은 11달러에서 12달러로 겨우 10% 상승했으며, 대부분의 코인들이 뚜렷한 방향성 없이 횡보했죠. 마치 태풍이 지나가고 바다가 잠잠해진 것처럼요. 일부 상승하는 코인도 있었으나, 전반적인 시장 분위기는 관망세가 지배적이었습니다. 초기 2개월 동안의 알트코인 수익률은 겉보기에 양호해 보였으나 7월 스팀**STEEM**, 8월 모네로**XMR**의 급등이 전체 알트코인 수익률을 크게 끌어올렸습니다. 하지만 이건 개별 재료에 의한 것이었지, 시장 전체의 분위기는 아니었습니다.

비트코인이 먼저 치고 나가다(4~5개월차)

그러다 2016년 10월, 드디어 변화의 조짐이 보이기 시작했습니다. 주인공은 다름 아닌 비트코인이었죠. 비트코인은 2개월 만에 617달러에서 770달러까지 치솟았습니다. 약 25%의 엄청난 수익률을 기록했죠. 그러나 이 시기 다른 코인들의 흐름은 비트코인과 달랐습니다. 특히 이더리움은 두 달 연속 하락하는 부진한 모습을 보였습니다. 다른 알트코인들 역시 뚜렷한 상승동력을 찾지 못한 채 저조한 흐름을 이어갔습니다.

이것이 의미하는 바는 무엇일까요? 반감기의 효과가 비트코인에서 먼저 반영되기 시작했다는 것, 그리고 앞으로 다가올 큰 상승장의 전조

■ 반감기 후 4~5개월차(2016.10.9.~2016.12.11.) 주요 코인 달러 가격

코인	2016.10.9.	2016.11.13.	2016.12.11.
BTC	616.75	702.03	769.73
ETH	12.05	10.1	8.1936
XRP	0.007543	0.008257	0.006744
LTC	3.8151	3.878	3.638
XEM	0.003877	0.004647	0.00344
DASH	11.59	9.4985	9.5425
STEEM	0.3502	0.1163	0.1873
MAID	0.08523	0.08	0.06617
LISK	0.2151	0.1813	0.1355
DOGE	0.000228	0.0002255	0.0002234
XMR	7.4776	7.1023	7.9109

출처: CoinMarketCap

코인	2016.11.13.	2016.12.11.
BTC	13.83%	9.64%
ETH	−16.18%	−18.88%
XRP	9.47%	−18.32%
LTC	1.65%	−6.19%
XEM	19.86%	−25.97%
DASH	−18.05%	0.46%
STEEM	−66.79%	61.05%
MAID	−6.14%	−17.29%
LISK	−15.71%	−25.26%
DOGE	−1.10%	−0.93%
XMR	−5.02%	11.39%
알트코인 평균	−9.80%	−3.99%

출처: CoinMarketCap

였다는 것입니다.

암호화폐 시장의 슈퍼 사이클 시작(6~11개월차)

반감기 이후 4~5개월 차에는 비트코인이 홀로 상승하고 알트코인은 횡보하는 흐름을 보였습니다. 그런데 반감기 6개월차인 2016년 12월, 시장에 태풍이 몰아치기 시작했습니다. 아니, 태풍이라기보다는 화산 폭발에 가까웠죠. 이 기간 동안의 가격상승은 실로 충격적이었습니다. 비트코인은 6개월 만에 4배나 올랐습니다. 하지만 이건 시작에 불과했습니다. 알트코인들의 진짜 광풍이 시작되었거든요. 이더리움은

■ 반감기 후 6~11개월차(2016.12.11.~2017.6.11.) 주요 코인 달러 가격

코인	2016.12.11.	2017.1.8.	2017.2.5.	2017.3.12.	2017.4.9.	2017.5.7.	2017.6.11.
BTC	769.73	911.2	1,027.34	1,221.38	1,187.87	1,596.71	2,958.11
ETH	8.1936	10.29	11.35	23.44	43.27	94.01	340.61
XRP	0.006744	0.006233	0.006442	0.006255	0.03402	0.1418	0.2728
LTC	3.638	3.9946	4.0429	3.8426	8.7098	30.29	33.22
XEM	0.00344	0.003421	0.006389	0.009894	0.02002	0.09993	0.218
DASH	9.5425	12.54	17.06	77.08	64.7	106.28	188.27
STEEM	0.1873	0.1525	0.1599	0.07217	0.1543	0.5275	2.4541
MAID	0.06617	0.09385	0.1502	0.1696	0.1875	0.324	0.5513
LISK	0.1355	0.1577	0.1631	0.1132	0.2626	0.6218	3.9114
DOGE	0.0002234	0.000221	0.0002109	0.0002294	0.0003806	0.001305	0.003601
XMR	7.9109	13.47	12.8	16.79	20.68	32.78	58.7

출처: CoinMarketCap

■ 반감기 후 6~11개월차(2016.12.11.~2017.6.11.) 주요 코인 수익률

코인	2017.1.8.	2017.2.5.	2017.3.12.	2017.4.9.	2017.5.7.	2017.6.11
BTC	18.38%	12.75%	18.89%	-2.74%	34.42%	85.26%
ETH	25.59%	10.30%	106.52%	84.60%	117.26%	262.31%
XRP	-7.58%	3.35%	-2.90%	443.88%	316.81%	92.38%
LTC	9.80%	1.21%	-4.95%	126.66%	247.77%	9.67%
XEM	-0.55%	86.76%	54.86%	102.34%	399.15%	118.15%
DASH	31.41%	36.04%	351.82%	-16.06%	64.27%	77.15%
STEEM	-18.58%	4.85%	-54.87%	113.80%	241.87%	365.23%
MAID	41.83%	60.04%	12.92%	10.55%	72.80%	70.15%
LISK	16.38%	3.42%	-30.59%	131.98%	136.79%	529.04%
DOGE	-1.07%	-4.57%	8.77%	65.91%	242.88%	175.94%
XMR	70.27%	-4.97%	31.17%	23.17%	58.51%	79.07%
알트코인 평균	16.75%	19.64%	47.27%	108.68%	189.81%	177.91%

출처: CoinMarketCap

같은 기간 동안 무려 40배, 리플은 45배나 폭등했습니다! 다른 알트코인도 역시 이전에는 상상하기 힘들었던 급등세를 보였습니다.

특히 2017년 3월부터 5월까지의 시장은 말 그대로 광풍이었습니다. 시가총액 상위 10대 알트코인의 평균 수익률이 매달 100%를 넘어서는 전례 없는 상황이 연출되었습니다. 매달 자산이 두 배씩 불어나는 믿기 힘든 시기였던 것입니다. 쉽게 말하자면,

1월에 100만 원 투자

2월에 200만 원으로

3월에 400만 원으로

4월에 800만 원으로

5월에 1,600만 원으로

이런 수익률이 가능했다는 겁니다. 현실이라고 믿기 힘든 숫자들이죠? 이러한 시장흐름을 분석해 볼 때, 반감기 후 약 6개월이 지난 2016년 12월은 매우 중요한 변곡점이었다고 볼 수 있습니다. 이 시점을 기준으로 횡보장이었던 2단계가 마무리되고, 폭발적 상승이 특징인 3단계가 시작되었다고 판단됩니다. 그렇다면 이 시기를 이해하는 것이 왜 중요할까요? 지금 불어닥친 4차 반감기 이후의 시장에서도 비슷한 패턴이 나타날 수 있기 때문입니다. 물론 정확히 같은 수익률을 기대하긴 어렵겠지만, 비슷한 흐름, 비슷한 타이밍을 예측할 수 있다는 것. 이것이 바로 우리가 이 역사적인 데이터를 분석하는 이유입니다.

숨고르기-조정과 횡보(12~16개월차)

2017년 6월, 폭등장이 끝나자 시장은 잠시 숨을 골랐습니다. 마치 롤러코스터가 정상에 올라 잠시 멈추는 것처럼요. 그러나 이 시기에 주목해야 할 점은 비트코인과 알트코인의 흐름이 뚜렷하게 차이가 났다는 점입니다. 비트코인은 6~7월의 조정 이후에도 상승 모멘텀을 이어가며 강세를 보였습니다. 첫 달에만 잠시 조정을 받은 후 8~11월 계속 가격이 상승했죠. 반면 알트코인 시장은 양극화 현상이 두드러졌습니다. 일부 알트코인이 선전하기는 했으나, 대다수의 알트코인은 추가적인 조정을 피하지 못했습니다.

■ 반감기 후 12~16개월차(2017.6.11.~2017.11.12.) 주요 코인 달러 가격

코인	2017.6.11.	2017.7.9.	2017.8.13.	2017.9.10.	2017.10.8.	2017.11.12
BTC	2958.11	2518.44	4073.26	4122.94	4610.48	5950.07
ETH	340.61	242.14	298.06	288.75	308.61	307.91
XRP	0.2728	0.2334	0.1681	0.213	0.2799	0.1973
LTC	33.22	49.58	45.81	61.61	53.14	59.01
XEM	0.218	0.153	0.2573	0.257	0.1948	0.1804
DASH	188.27	195.64	198.17	320.11	302.48	536.12
STEEM	2.4541	1.5262	1.2412	1.3215	1.1155	0.8288
MAID	0.5513	0.4179	0.3589	0.6158	0.4244	0.3918
LISK	3.9114	2.0705	2.2466	6.5699	4.6648	5.4992
DOGE	0.003601	0.002333	0.001807	0.001395	0.001056	0.001038
XMR	58.7	44.85	47.76	112.33	89.77	123.86

출처: CoinMarketCap

■ 반감기 후 12~16개월차(2017.6.11~2017.11.12) 주요 코인 수익률

코인	2017.7.9.	2017.8.13.	2017.9.10.	2017.10.8.	2017.11.12
BTC	−14.86%	61.74%	1.22%	11.83%	29.06%
ETH	−28.91%	23.09%	−3.12%	6.88%	−0.23%
XRP	−14.44%	−27.98%	26.71%	31.41%	−29.51%
LTC	49.25%	−7.60%	34.49%	−13.75%	11.05%
XEM	−29.82%	68.17%	−0.12%	−24.20%	−7.39%
DASH	3.91%	1.29%	61.53%	−5.51%	77.24%
STEEM	−37.81%	−18.67%	6.47%	−15.59%	−25.70%
MAID	−24.20%	−14.12%	71.58%	−31.08%	−7.68%
LISK	−47.06%	8.51%	192.44%	−29.00%	17.89%
DOGE	−35.21%	−22.55%	−22.80%	−24.30%	−1.70%
XMR	−23.59%	6.49%	135.20%	−20.08%	37.97%
알트코인 평균	−18.79%	1.66%	50.24%	−12.52%	7.19%

출처: CoinMarketCap

최후의 광기(17~18개월차)

그리고 2017년 12월, 시장은 드디어 이성을 잃었습니다. 이 시기에 이르러 암호화폐는 더 이상 단순한 투자대상이 아닌 사회적 현상이 되었습니다. 이 시기에는 모든 게 미쳐 돌아갔습니다.

- 택시기사님도 코인 투자 조언을 하시고
- 증권사 직원이 코인 거래소로 이직하고
- 뉴스 1면이 매일 코인 소식으로 도배되고
- 식당이나 지하철에서도 코인 이야기가 들렸습니다.

■ 반감기 후 17~18개월차(2017.11.12.~2018.1.7.) 주요 코인 달러 가격

코인	2017.11.12.	2017.12.10.	2018.1.7.
BTC	5950.07	15455.44	16477.59
ETH	307.91	441.72	1153.17
XRP	0.1973	0.2373	3.3778
LTC	59.01	148.66	288.45
XEM	0.1804	0.394	1.8427
DASH	536.12	688.67	1285.43
STEEM	0.8288	1.668	6.4092
MAID	0.3918	0.4479	1.1592
LISK	5.4992	7.9358	34.11
DOGE	0.001038	0.002547	0.01709
XMR	123.86	245.33	459.33

출처: CoinMarketCap

■ 반감기 후 17~18개월차(2017.11.12.~2018.1.7.) 주요 코인 월간 수익률

코인	2017.12.10.	2018.1.7.
BTC	159.75%	6.61%
ETH	43.46%	161.06%
XRP	20.27%	1323.43%
LTC	151.92%	94.03%
XEM	118.40%	367.69%
DASH	28.45%	86.65%
STEEM	101.25%	284.24%
MAID	14.32%	158.81%
LISK	44.31%	329.82%
DOGE	145.38%	570.99%
XMR	98.07%	87.23%
알트코인 평균	76.58%	346.40%

출처: CoinMarketCap

특히 2017년 12월 10일부터 2018년 1월 7일까지 4주간은 그야말로 광기의 절정이었습니다. 리플은 한 달 만에 14배, 도지코인은 6배 이상 올랐고, 시가총액 상위 10대 알트코인이 이 짧은 기간 동안 평균 346%라는 엄청난 수익률을 기록했습니다. 이는 한 달 남짓한 기간 동안 투자금이 4.5배 가까이 불어난 것을 의미합니다. 이성적인 관점에서 보면 명백한 버블이었지만, 당시 시장은 이미 이성을 넘어선 상태였습니다.

특히 재미있는 건, **비트코인이 12월 17일에 이미 고점을 찍고 하락하기 시작했는데도 알트코인들은 그런 상황은 마치 들리지도 보이지도 않는다는 듯 1월 초까지 미친 듯이 계속 올랐다는 겁니다.** 이는 시장의 비이성적 과열을 보여주는 전형적인 신호였습니다. 이건 마치 타이타닉호가 빙산과 부딪힌 후에도 승객들이 여전히 파티를 즐기는 것과 같았죠. 3단계에 잘 탑승한 투자자들에게는 인생 최고의 시기였습니다. 하지만….

2018년 암호화폐의 겨울, 지옥의 문이 열리다

지금부터는 2차 반감기 후 광기의 정점이었던 2018년 1월 7일부터 끝없는 나락의 끝이었던 2019년 2월 3일까지의 기록을 살펴보겠습니다. 이 시기는 코인 시장 4단계가 얼마나 무서운지를 적나라하게 보여줍니다. 그럼 충격적인 수치를 보시겠습니다.

■ 주요 코인의 2018년 '4단계' 달러 가격 변동과 수익률

코인	2018.1.7. 가격	2019.2.3. 가격	수익률
BTC	16,477.59	3,464.01	−78.98%
XRP	3.3778	0.3024	−91.05%
ETH	1153.17	107.49	−90.68%
BCH	2,786.88	118.83	−95.74%
ADA	1.0085	0.03803	−96.23%
XEM	1.8427	0.03926	−97.87%
LTC	288.45	33.44	−88.41%
TRX	0.1997	0.02544	−87.26%
XLM	0.6996	0.08135	−88.37%
MIOTA	4.0706	0.2495	−93.87%
DASH	1,285.43	66.9	−94.80%
알트코인 평균	–	–	−92.43%

출처: CoinMarketCap

그야말로 '오 마이 갓'입니다.

하나, 비트코인조차 이 기간 동안 79%나 하락했습니다. 그나마 이는 '선방'한 축에 속합니다.

둘, 당시 시가총액 상위 10대 알트코인의 상황은 처참했습니다. 이중 7개 코인이 90%가 넘는 하락률을 기록했습니다. 이더리움은 91%, 리플은 91% 하락했으며 에이다는 96% 하락했고, 3단계 수익률이 그렇게 높았던 넴도 98% 하락했습니다.

셋, 만약 당신이 10대 알트코인에 '분산투자'했다면, 평균 92.43%의 손실을 보았을 것입니다.

"아, 그래서 다들 많이 떨어졌구나" 정도로 생각하시나요? 이 숫자가 의미하는 바를 진짜 이해하고 계신가요? 함께 상상해 봅시다. 당신은…

- 3년간 야근하며 월급을 모으고
- 명절 때마다 친척들에게 줄 용돈을 줄여가며
- 4,000원짜리 김밥으로 점심을 때우고
- 돈 모으기 위해 애인과 헤어지면서까지
- 겨우겨우 모은 1억 원이 있습니다
- 그리고 이 돈을 알트코인에 투자했습니다

자, 결과는? **1억 원이 757만 원이 됩니다.**

네, 맞습니다. 5,000만 원도 아니고 3,000만 원도 아니고 1,000만 원도 아닌 고작 757만 원입니다.

우리는 지금 '공감'의 시대를 살고 있습니다. 솔직히 저는 투자에서 타인의 감정이나 상황을 이해하려 노력하는 것이 그다지 중요하다고 생각하지 않습니다. 하지만 이번만큼은 잠시 상상해 보시기 바랍니다. 지금 이 글을 읽으면서 당신의 감정은 어떠신가요?

- 분노가 치밀어 올라 손이 부들부들 떨리나요?
- 당장 아파트에서 뛰어내려 이 고통을 멈추고 싶은 충동이 드나요?
- 아니면 집 안의 모든 것을 화끈하게 때려 부수고 싶은가요?
- 혹은 우울증에 빠져 몇 달간 장기 '멘붕'에 빠질 것 같나요?

이게 바로 제가 말씀드리고 싶은 '셀프 공감'입니다. 단순히 "아, 90% 하락했구나"가 아니라 **내가 이런 상황이라면 어떤 감정을 느끼고 어떻게 행동할까를 깊이 상상해 보는 것입니다.** 학문적으로는 이를 '메타인지'라고 부르지만, 저는 이것을 '셀프 공감'이라고 부르고 싶습니다.

왜 이게 중요할까요? 셀프공감은 단순히 현재의 감정을 인식하는 것을 넘어 특정 상황에서 자신이 어떤 감정을 느끼고 어떻게 행동할지를 미리 상상하고 분석하는 능력입니다. 이는 투자성공에 있어 매우 중요한 요소입니다.

예를 들어 자신이 90% 이상의 손실을 보았을 때의 심리적 상태를 미리 상상하고 이해할 수 있다면, 그런 상황에 처하지 않기 위해 더욱 신중한 결정을 내릴 수 있습니다. 이처럼 셀프 공감 능력이 뛰어난 투자자는 자신의 감정적 한계를 잘 알고, 그에 맞는 적절한 리스크 관리를 할 수 있습니다.

투자는 숫자만의 게임이 아닙니다. 감정의 게임이기도 합니다. 90% 하락을 견딜 수 있는 멘탈이 없다면, 애초에 그런 위험한 베팅은 하지 말아야 합니다. 이러한 셀프 공감 능력을 키우는 것은 성공적인 투자를 위한 핵심요소 중 하나입니다. 단순히 차트나 펀더멘털을 분석하는 것을 넘어, 자신의 심리적 한계와 행동 패턴을 이해하고 예측하는 것이 장기적으로 투자를 성공할 수 있도록 만드는 열쇠가 됩니다.

결론, 우리는 4단계를 반드시 피해야 합니다. 투자에서도, 인생에서도 승리하기 위해서입니다.

단순한 돈의 문제가 아닙니다. 당신의 정신, 당신의 가족관계, 당신의 인생 전체가 무너질 수 있습니다. 그래서 우리는 반드시 4단계를 피해야 합니다. 어떻게 피할 수 있을까요?

이어지는 내용에서 3차 반감기 이후의 흐름을 분석하면서, 2차 반감기와의 공통점을 찾아보겠습니다. 이 패턴을 이해하는 것이 우리가 4단계라는 지옥을 피하는 열쇠가 될 것입니다.

3차 반감기(2020.5.11.) 후 주요 알트코인 흐름

횡보: 실망스러운 반감기 초반(1~4개월차)

■ 반감기 후 1~4개월차(2020.5.11.~2020.9.13.) 주요 코인 달러 가격

코인	2020.5.11.	2020.6.7.	2020.7.12.	2020.8.9.	2020.9.13.
BTC	8,756.43	9,758.85	9,276.5	11,675.74	10,323.76
ETH	188.6	245.17	242.13	391.12	365.57
XRP	0.1982	0.2034	0.2005	0.2887	0.2418
BCH	232.8	254.34	236.77	300.4	221.83
BSV	185.9	194.07	185.91	224.05	162.76
LTC	42.37	46.67	44.64	57.14	48.07
BNB	15.3	17.45	18.24	22.48	31.06
EOS	2.4524	2.8162	2.6126	3.0332	2.7197
XTZ	2.5529	2.8899	2.8123	3.6842	2.6202
LINK	3.7613	4.3499	7.3092	13.85	11.99
ADA	0.04768	0.08665	0.1268	0.1452	0.09486

출처: CoinMarketCap

■ 반감기 후 1~4개월차(2020.5.11.~2020.9.13.) 주요 코인 월간 수익률

코인	2020.6.7.	2020.7.12.	2020.8.9.	2020.9.13.
BTC	11.45%	−4.94%	25.86%	−11.58%
ETH	29.99%	−1.24%	61.53%	−6.53%
XRP	2.62%	−1.43%	43.99%	−16.25%
BCH	9.25%	−6.91%	26.87%	−26.16%
BSV	4.39%	−4.20%	20.52%	−27.36%
LTC	10.15%	−4.35%	28.00%	−15.87%
BNB	14.05%	4.53%	23.25%	38.17%
EOS	14.83%	−7.23%	16.10%	−10.34%
XTZ	13.20%	−2.69%	31.00%	−28.88%
LINK	15.65%	68.03%	89.49%	−13.43%
ADA	81.73%	46.34%	14.51%	−34.67%
알트코인 평균	19.59%	9.09%	35.53%	−14.13%

출처: CoinMarketCap

2020년 5월에 찾아온 3차 반감기는 매우 특별한 시기와 맞물렸습니다. 코로나19 바이러스가 전 세계 금융시장을 강타한 직후였기 때문입니다. 3월에는 비트코인이 3,800달러까지 폭락했고, 주식시장도 폭락했고, 금마저도 하락했죠. 3월 중순부터 전반적인 금융시장의 분위기가 반전되면서 급등세가 시작되었습니다. 그러나 이러한 배경에도 불구하고, 암호화폐 시장의 움직임은 다소 실망스러웠습니다.

비트코인은 반감기 후 첫 4개월 동안 8,756달러에서 1만 323달러로 소폭 상승하는 데 그쳤습니다. 그마저도 5월 급등, 6월 급락, 7월 급등, 8월 급락을 반복하는 등 상승세보다는 횡보하는 모습이 더 두드러졌습

니다. 알트코인 시장 역시 뚜렷한 방향성을 보여주지 못했습니다. 한 달은 상승하고 다음 달은 하락하는 패턴이 반복되면서 마치 시장이 방향을 잃은 것처럼 보였습니다. **하지만 이런 혼란스러운 움직임은 2차 반감기 때도 있었다는 걸 기억하시나요? 그리고 그 후에 무슨 일이 일어났는지도….**

역사는 반복된다: 비트코인의 상승(5~6개월차)

마치 데자뷔처럼, 2차 반감기 때와 똑같은 일이 벌어졌습니다. 3차 반감기 이후 약 4개월이 지난 2020년 9월, 비트코인의 독주가 시작된 거죠.

■ **반감기 후 5~6개월차(2020.9.13.~2020.11.8.) 주요 코인 달러 가격**

코인	2020.9.13.	2020.10.11.	2020.11.8.
BTC	10,323.76	11,384.18	15,479.57
ETH	365.57	375.14	453.55
XRP	0.2418	0.2557	0.2539
BCH	221.83	239.67	270.7
BSV	162.76	172.03	166.88
LTC	48.07	50.73	61.06
BNB	31.06	28.56	28.31
EOS	2.7197	2.665	2.5396
XTZ	2.6202	2.2878	2.0874
LINK	11.99	10.85	12.66
ADA	0.09486	0.1065	0.1066

출처: CoinMarketCap

■ 반감기 후 5~6개월차(2020.9.13.~2020.11.8.) 주요 코인 월간 수익률

코인	2020.10.11.	2020.11.8.
BTC	10.27%	35.97%
ETH	2.62%	20.90%
XRP	5.75%	−0.70%
BCH	8.04%	12.95%
BSV	5.70%	−2.99%
LTC	5.53%	20.36%
BNB	−8.05%	−0.88%
EOS	−2.01%	−4.71%
XTZ	−12.69%	−8.76%
LINK	−9.51%	16.68%
ADA	12.27%	0.09%
알트코인 평균	0.77%	5.29%

출처: CoinMarketCap

"이거… 어디서 본 것 같은데요?"

네, 맞습니다. 2016년 2차 반감기 후 4~5개월 차에서 봤던 바로 그 패턴입니다. 특히 10월 11일부터 11월 8일까지 4주는 매우 인상적이었습니다. 이 기간 동안 비트코인은 36%라는 강력한 상승률을 기록했습니다. 이 시기의 주요 사건으로는 10월 21일 페이팔Paypal이 암호화폐 서비스 도입을 발표한 것을 들 수 있습니다. 이는 메인스트림 금융 서비스에서 암호화폐를 받아들이는 중요한 전환점이 되었습니다. 그 전에 8월에는 '일편단심 비트코인'으로 유명한 마이클 세일러Michael Saylor의 마이크로스트래티지가 첫 비트코인 매수를 했습니다. 약 2.5억

달러, 우리 돈으로 3,500억 원에 달하는 규모였죠. 참고로 마이크로스 트래티지는 4년 동안 꾸준히 비트코인을 매집해서 2024년 11월 기준 33만 1,200개의 비트코인을 보유하고 있습니다. 비트코인 전체 채굴량 의 1.5%에 달하는 어마어마한 양이죠. 이 많은 비트코인을 매수하는 데 165억 달러, 약 23조 원을 썼다고 하네요!

반면 알트코인 시장의 반응은 상대적으로 미온적이었습니다. 물론 일부 알트코인들이 상승세를 보이기는 했으나, 전반적인 흐름은 비트 코인의 강세에 못 미치는 수준이었습니다. 마치 2016년의 재현과도 같 았습니다. 그때도

1. 비트코인이 먼저 상승
2. 알트코인은 상대적 약세
3. 약 4~5개월차에 변화 시작

이런 패턴이 두 번이나 반복된다는 건 비단 우연일까요? 아니면 필 연일까요? 역사는 반복된다고 합니다. 특히 비트코인의 반감기 이후 시장에서는 더욱 그렇습니다.

폭발적 상승과 첫 번째 경고(7~11개월차)

2차 반감기 때와 똑같이, 비트코인의 독주 후에는 시장 전체의 폭발 이 찾아왔습니다. 비트코인은 4개월 만에 4배 가까이 올랐습니다! 그 리고 알트코인도 2021년 2월까지 급등세를 보였습니다. 특히 주목할

■ 반감기 후 7~11개월차(2020.11.8.~2021.3.14.) 주요 코인 달러 가격

코인	2020.11.8.	2020.12.13.	2021.1.10.	2021.2.14.	2021.3.14.
BTC	15,479.57	19,142.38	38,356.44	48,717.29	59,302.32
ETH	453.55	589.66	1,262.25	1,805.08	1,854.56
XRP	0.2539	0.5115	0.3183	0.5942	0.4421
BCH	270.7	275.35	603.6	724.02	557.76
BSV	166.88	168.6	253.71	262.4	200.49
LTC	61.06	82	171.11	214.43	215.3
BNB	28.31	29.1	42.45	136.43	264.64
EOS	2.5396	2.8481	3.0873	5.0952	3.9737
XTZ	2.0874	2.2278	2.7713	4.9084	3.9732
LINK	12.66	12.93	16.25	33.29	28.79
ADA	0.1066	0.154	0.3049	0.8484	1.0592

출처: CoinMarketCap

■ 반감기 후 7~11개월차(2020.11.8.~2021.3.14.) 주요 코인 수익률

코인	2020.12.13.	2021.1.10.	2021.2.14.	2021.3.14.
BTC	23.66%	100.37%	27.01%	21.73%
ETH	30.01%	114.06%	43.00%	2.74%
XRP	101.46%	−37.77%	86.68%	−25.60%
BCH	1.72%	119.21%	19.95%	−22.96%
BSV	1.03%	50.48%	3.43%	−23.59%
LTC	34.29%	108.67%	25.32%	0.41%
BNB	2.79%	45.88%	221.39%	93.97%
EOS	12.15%	8.40%	65.04%	−22.01%
XTZ	6.73%	24.40%	77.12%	−19.05%
LINK	2.13%	25.68%	104.86%	−13.52%
ADA	44.47%	97.99%	178.26%	24.85%
알트코인 평균	23.68%	55.70%	82.50%	−0.48%

출처: CoinMarketCap

지점은 2020년 12월입니다. 이 시기가 바로 중요한 변곡점이었죠. 마치 2차 반감기 때처럼 횡보장(2단계)이 끝나고 폭발적 상승(3단계)이 시작되는 바로 그 시점이었습니다.

하지만 3월부터 경고등이 켜지기 시작했습니다. 시장이 과열양상을 보이면서 2021년 2~3월에는 일부 코인들이 큰 폭의 조정을 받았습니다. 이는 너무 가파른 상승에 따른 자연스러운 시장의 반응으로 볼 수 있습니다.

2017년의 재림: 이성을 잃은 시장의 광기(12~13개월차)

"이것 봐, 2017년과 똑같잖아!"

"역사는 반복된다니까!"

■ 반감기 후 12~13개월차(2021.3.14.~2021.5.9.) 주요 코인 달러 가격

코인	2021.3.14.	2021.4.11.	2021.5.9.
BTC	59,302.32	60,204.96	58,232.32
ETH	1,854.56	2,157.66	3,928.84
XRP	0.4421	1.3605	1.5353
BCH	557.76	696.61	1,428.53
BSV	200.49	276.96	359.34
LTC	215.3	253.63	386.45
BNB	264.64	525.39	662.23
EOS	3.9737	6.7441	10.53
XTZ	3.9732	6.4705	7.1059
LINK	28.79	33.92	52.2
ADA	1.0592	1.2667	1.7706

출처: CoinMarketCap

■ 반감기 후 12~13개월차(2021.3.14.~2021.5.9.) 주요 코인 월간 수익률

코인	2021.4.11.	2021.5.9.
BTC	1.52%	−3.28%
ETH	16.34%	82.09%
XRP	207.74%	12.85%
BCH	24.89%	105.07%
BSV	38.14%	29.74%
LTC	17.80%	52.37%
BNB	98.53%	26.05%
EOS	69.72%	56.14%
XTZ	62.85%	9.82%
LINK	17.82%	53.89%
ADA	19.59%	39.78%
알트코인 평균	57.34%	46.78%

출처: CoinMarketCap

그렇습니다. 짧은 조정 이후, 2017년 말의 그 광기가 다시 찾아왔습니다. 2021년 3월부터 5월까지 두 달 동안, 시가총액 상위 10대 알트코인은 각각 3월 57%, 4월 47%라는 놀라운 상승률을 기록했습니다. 이보다 더 높은 수익률을 기록한 알트코인도 매우 많았습니다.

특히 흥미로운 점은 비트코인이 3월 중순부터 횡보하고 있었음에도 불구하고, 알트코인은 이를 완전히 무시한 채 두 달 동안 폭발적인 상승세를 이어갔다는 것입니다. 이건 마치 2017년의 영화를 리메이크해서 개봉하는 것 같았습니다. 배우만 바뀌었을 뿐! 이 시기의 광기를 보여주는 몇 가지 특징적인 현상들이 있었습니다.

1. 당시 '대세 코인'은 도지코인이었는데, 2021년 2월 4일 일론 머스크가 도지코인 관련 밈을 공유하고 "Dogecoin is the people's crypto"라고 트윗했을 때 약 50% 상승하고, 2021년 4월 15일 도지코인을 들고 있는 개를 그린 그림을 공유했을 때 약 100% 상승했습니다.

2. 도지코인 말고도 전반적으로 밈코인Meme coin 열풍이 불면서, 시바이누 등 실체가 없는 코인들도 천문학적인 수익률을 기록했습니다.

3. 레버리지 거래가 극단적으로 증가하여, 암호화폐 선물시장의 일일 거래량이 현물시장을 크게 초과했습니다.

4. 소셜 미디어에서는 "이번에는 다르다This time is different"는 주장이 넘쳐났고, 많은 이들이 영원한 상승장이 도래했다고 믿었습니다.

그리고 우리는 2017년의 그 영화가 어떻게 끝났는지 알고 있습니다. 하지만 그전까지 시장은 마치 중력이 존재하지 않는 것처럼 보였습니다.

2021~2022년: 역사는 잔인하게 반복된다, 또 다른 암호화폐의 겨울

2021년 5월까지만 해도 모든 게 완벽했습니다. 비트코인은 6만 달러를 향해 달리고 있었고, 도지코인은 일론 머스크의 트윗 한 번에 두 배씩 뛰었고, 새로 나오는 코인마다 "1,000배 간다!"는 이야기가 넘쳐났죠. 이번엔 다르다, 이제 제도권이 인정했다, 더 이상의 큰 하락은 없을 것이다! 이 말들… 어디서 많이 들어본 것 같지 않나요? 네, 2017년 말에도 정확히 같은 말들이 있었습니다.

그리고 5월의 어느 날, 하늘에서 번개가 떨어졌습니다. 그리고 역사는 또다시 반복되었습니다. 2021년 5월까지 암호화폐 시장의 분위기는 매우 좋았습니다. 하지만 5월 중순, 현재 '부처빔Buddha Beam'으로 알려진 사건이 시장을 강타했습니다. 이 사건은 여러 부정적 요인들이 한꺼번에 겹치면서 발생했습니다:

1. 중국발 악재

- 중국 정부가 갑작스럽게 비트코인 채굴금지 정책을 발표했습니다.
- 중국 주요 은행들에 가상자산 거래 관련 서비스 제공 금지령이 내려졌습니다.

2. 테슬라 관련 악재

- 일론 머스크가 테슬라의 비트코인 결제수단 사용중단을 선언했습니다.
- 환경문제를 이유로 든 이 결정은 시장에 큰 충격을 주었습니다.
- 테슬라의 비트코인 차익실현까지 더해지면서 하락압력이 가중되었습니다.

3. 시장과열 징후

- 도지코인을 비롯한 밈코인들의 광풍이 정점을 찍었습니다.
- 레버리지를 통한 과도한 투기세력이 쌓여있었습니다.
- 일론 머스크의 SNL 출연 후 밈코인 시장이 붕괴하면서 전체 시장심리가 악화되었습니다.

4. 제도권의 압박

- 미국 IRS가 암호화폐 거래보고 강화를 예고했습니다.
- 각국 정부의 암호화폐 규제강화 움직임이 감지되었습니다.

이러한 복합적인 요인들이 겹치면서 시장은 급격하게 하락장을 맞이하였습니다. 이후 비트코인을 포함한 일부 메이저 코인들은 반등에 성공하여 2021년 11월에 잠시 사상 최고가를 갱신하기도 했습니다. 그러나 대부분의 알트코인들은 2021년 5월의 고점을 다시 보지 못했습니다. 설상가상으로 2022년에 접어들면서 모든 코인이 큰 폭의 하락을 겪게 됩니다. 이는 글로벌 긴축정책과 맞물려 더욱 가속화되었으며, 시장은 또 다른 암호화폐의 겨울로 접어들게 되었습니다.

2022년은 암호화폐 업계에 있어 매우 슬픈 해로 기록될 것입니다. 여러 대형 사고와 거시경제적 악재가 겹치면서 시장 전체가 큰 폭으로 하락했습니다. 모든 것은 미국 연방준비제도Fed의 공격적인 금리인상에서 시작되었습니다(통화정책과 암호화폐 가격의 상관성이 높다는 것은 나중에 다룰게요). 인플레이션에 대응하기 위한 이 조치로 시장의 유동성이 급격히 감소했고, 위험자산 전반에 대한 투자심리가 얼어붙었습니다. 나스닥을 비롯한 주식시장도 큰 폭으로 하락하는 가운데, 암호화폐 시장도 예외일 수 없었습니다.

그러나 진정한 재앙은 5월 루나-테라 사태와 함께 찾아왔습니다. 테라 생태계의 대표 코인인 루나와 스테이블코인 UST가 완전히 붕괴된 것입니다. 한때 100달러를 호가하던 루나가 하루 만에 0원이 되는 것을 본 사람들의 표정을 잊을 수 없습니다. 약 500억 달러의 시장가치가 순식간에 증발했고, 전 세계 투자자들의 눈물이 시작됐죠. 제 지인 중에서도 피해를 입은 사람들이 꽤 많습니다.

이 사태는 곧바로 업계 대형 헤지펀드인 쓰리애로우캐피탈3AC의 파산으로 이어졌습니다. 과도한 레버리지와 루나 투자로 인해 3AC가 무너지면서 보이저디지털Voyager Digital, 셀시우스Celsius 등 여러 암호화폐 대출업체들이 연쇄적으로 파산했습니다.

하지만 가장 큰 충격은 11월 FTX 사태였습니다. 한때 세계 2위 거래소이자 '가장 안전한 거래소'라고 불리던 FTX가 하루아침에 사기극으로 밝혀졌을 때, 시장은 완전히 얼어붙었습니다. 그리고 CEO 샘 뱅크먼-프리드Sam Bankman-Fried의 고객자금 유용이라는 충격적인 사실이 드러났습니다. FTX와 관련 기업들은 모두 파산했고, 이는 블록파이, 제네시스 등 다른 암호화폐 기업들의 연쇄파산으로 이어졌습니다.

■ 주요 코인의 2021~2022년 4단계 달러 가격 변동과 수익률

코인	2021.5.9.	2023.1.1.	수익률
BTC	58,232.32	16,625.08	−71.45%
ETH	3,928.84	1,200.96	−69.43%
BNB	662.23	244.14	−63.13%
DOGE	0.5701	0.07022	−87.68%
ADA	1.7706	0.2498	−85.89%
XRP	1.5353	0.3388	−77.93%
DOT	40.31	4.3708	−89.16%
BCH	1,428.53	96.96	−93.21%
LTC	386.45	70.82	−81.67%
LINK	52.2	5.6224	−89.23%
UNI	39.43	5.2462	−86.69%
알트코인 평균	–	–	−82.40%

출처: CoinMarketCap

이러한 연이은 사태들로 인해 비트코인은 6만 9,000달러대에서 1만 5,000달러대까지 하락했고, 수많은 알트코인들은 90% 이상 폭락했습니다.

2018년 하락장 데이터를 이미 보셨으니 이 정도면 선방했다(?)고 볼 수도 있지만, 2022년 하락장의 폭은 여전히 충격적이었습니다. 비트코인은 나름대로 선방했으나 1년 반 동안 71.5% 하락했습니다. 10대 알트코인에 똑같은 금액을 투자했다면 82.4% 손실이 발행했을 것입니다. 숫자만 보면 2018년 때보다 '조금' 덜 떨어진 것은 맞습니다. 하지만 이 숫자의 의미를 정말 이해하고 계신가요? 이런 손실을 견딜 수 있으신가요? 우리, 다시 한 번 '셀프 공감' 능력을 발휘해 보시죠. 저런 손실 후,

- 밤에 잠은 잘 주무실 수 있나요?
- 가족들 얼굴은 볼 수 있으신가요?
- 직장에서 집중은 할 수 있으신가요?
- 친구들과 만날 자신은 있으신가요?

4단계의 무서움은 단순히 돈을 잃는 게 아닙니다. 당신의 자신감이 무너지고 가족과의 신뢰가 깨지고 인간관계가 파괴되고 정신적 트라우마가 남습니다. 그래서 다시 한 번 말씀드립니다.

4단계는 반드시, 정말 반드시 피해야 합니다.

당신의 돈과 함께 당신의 인생이 무너질 수 있으니까요.

역사는 반복된다 - 2차, 3차 반감기 후의 놀라운 공통점

여러분, 제가 놀라운 발견을 했습니다. 이렇게 2차 반감기와 3차 반감기를 나란히 놓고 보니, 마치 쌍둥이처럼 똑같은 패턴이 보였습니다. 이건 마치 주식 차트 같은 게 아니라, 도로 위에 그려진 지도처럼 명확했습니다.

반감기 직후-지루한 횡보장(2단계)

먼저 3~4개월 동안은 아무 일도 일어나지 않습니다. 마치 폭풍 전의 고요함처럼요. 그러다 비트코인이 먼저 움직이기 시작합니다. 단 두 달, 조용하지만 확실한 상승을 보이죠.

폭발적 상승장(3단계)

여기서부터는 롤러코스터가 시작됩니다.

① 비트코인이 먼저 날아오릅니다. 마치 기관차처럼 시장을 끌고 가죠. 알트코인들도 뒤따라 폭등합니다.

② 잠시 숨을 고르는 시간이 찾아옵니다. 너무 빨리 올랐으니 당연한 조정입니다. 이때 약한 투자자들이 떨어져 나가죠.

③ 마지막 광기의 시간. 비트코인은 지쳐서 쉬고 있는데 알트코인들은 미친 듯이 치솟습니다. 이성은 사라지고 광기만 남습니다.

끝없는 나락(4단계)

반감기 12~18개월 후, 시장은 절벽에서 떨어집니다.

- 비트코인: 최소 70% 하락
- 알트코인: 80~90% 이상 증발

이런 패턴이 두 번이나 정확히 반복된다는 건, 우연이라고 하기엔 너무 정교합니다. 마치 자연의 법칙처럼, 마치 물이 위에서 아래로 흐르듯, 마치 해가 동에서 서로 지듯, 이 패턴은 너무나도 명확했습니다. 2025년, 4차 반감기 이후 단계들이 다가옵니다. 역사는 또다시 반복될 가능성이 큽니다.

4차 반감기(2024.4.20., 진행 중)와 우리의 계획

2024년 4월 20일, 4차 반감기가 찾아왔습니다. 그리고⋯ 놀랍게도 마치 미리 써놓은 시나리오처럼 시장이 움직이고 있습니다. 많은 분들이 의심했습니다. 하지만 시장은 거짓말을 하지 않았죠.

1단계: 예상된 지루함

반감기 직후? 네, 예상대로 지루한 횡보장. 비트코인도, 알트코인도 모두 부진했습니다. 마치 2016년과 2020년을 그대로 복사한 것처럼요.

2단계: 비트코인의 움직임

9월 6일, 드디어 비트코인이 깨어났습니다. 5만 4,000달러에서 저점을 찍고 상승세로 돌아선 거죠. 8월에 잠깐의 4만 9,000달러 저점도 있

■ 비트코인 4차 반감기 후 6개월간 시세

출처: BINANCE

었지만, 곧바로 반등해서 일봉 기준으로는 9월 6일이 저점입니다.

놀랍게도 정확히 두 달이 지난 11월 6일, 트럼프 대통령이 당선되었습니다. 이 소식이 전해진 직후, 마치 댐이 무너지듯 엄청난 매수세가 쏟아져 들어왔습니다. 그동안 관망하던 기관 투자자들이 움직이기 시작한 겁니다. 비트코인은 9월부터 슬금슬금 올랐지만, 그 후로 마치 로켓이 발사되듯 수직 상승하기 시작했습니다. 불과 2주 만에 벌어진 일들을 보면 정말 숨이 막힐 지경입니다. 비트코인이 6만 7,000달러에서 9만 3,000달러까지 치솟았고, 우리의 관심사인 알트코인들은 더욱 놀라운 움직임을 보여줬죠. 도지코인과 에이다는 120%나 폭등했고, 수이SUI는 90%, 리플은 70% 이상 치솟았습니다. 심지어 피넛NUX 같은 밈코인들은 며칠 만에 수십 배씩 올랐습니다. 제가 그토록 기다리던 '전설의 3단계'가 시작된 겁니다. 마치 오랫동안 준비해온 축제의 시작을 알리는 첫 폭죽이 터진 것처럼, 시장은 열기로 가득 찼습니다.

하지만 이건 시작에 불과합니다. 역사의 패턴을 보면, 진짜 광기의 시간은 2025년 4월에서 10월 사이에 찾아올 겁니다. 마치 2017년과 2021년처럼 말이죠. 그때는 지금의 상승이 마치 애피타이저처럼 느껴질 정도로 더 큰 상승이 기다리고 있을 겁니다. 우리의 계획은 간단합니다.

1. 초기진입: 이 책을 읽자마자 알트코인 매수를 시작합니다. 물론 11월 초 트럼프 당선 전에 들어갔으면 더 좋았겠지만, 지금도 결코 늦지 않았습니다. 진정한 축제는 이제부터입니다.

2. 보유기간: 2025년 4월까지는 최소한 보유하면서 수익을 올리고, 이후부터는 매도 타이밍을 노립니다.

3. 매도와 관망: 2025년 4~10월 사이에 매도를 완료하고, 2026년 말이나 2027년 초까지 이어질 것으로 예상되는 하락장은 관망합니다. 남들이 깨지는 것을 지켜보면 됩니다.

4. 재진입: 2027년에 다시 코인 시장에 진입합니다.

제가 재미있는 제안을 하나 하겠습니다. 옛말에 "사촌이 땅을 사면 배가 아프다"라고 하죠? 우리는 이렇게 바꿔봅시다.

"사촌이 코인으로 깨지면 열 살 젊어진다."

그리고 사촌이 깨진 후에… 조용히 이 책을 선물하는 거죠. 역사는 반복됩니다. 이번에는 우리가 역사의 올바른 편에 서 있을 차례입니다.

왜 암호화폐 시장은 이 패턴으로 흘러가는가?

암호화폐 시장이 2차, 3차 반감기 이후 거의 판박이처럼 비슷한 패턴을 보였는데, 여기에는 명확한 이유가 있습니다. 비트코인의 비밀은 '채굴'에 있습니다. 상상해 보세요. 당신이 비트코인 채굴회사를 운영하고 있다고요. 매달 내야 하는 비용이 있습니다. 전기세, 장비 유지비, 인건비 등이 있겠죠.

그런데 어느 날 갑자기 채굴보상이 절반으로 뚝 떨어졌습니다. 바로 '반감기'가 찾아온 거죠. 당신은 어떻게 하시겠습니까?

처음에는 버텨봅니다. "비트코인 가격이 오르겠지… 조금만 더 견디면 될 거야."

하지만 매달 나가는 돈은 그대로인데, 수입은 반으로 줄었습니다. 결국 생존을 위해 보유하고 있던 비트코인을 팔 수밖에 없죠. 이런 일이 업계 전반에서 벌어집니다. 마치 도미노처럼, 약한 채굴기업들이 하나둘 무너지기 시작합니다. 업계에서는 이를 '채굴자들의 항복**Miner Capitulation**'이라고 부릅니다. 마치 전쟁에서 백기를 드는 것처럼, 더 이상 버티지 못하고 항복하는 거죠.

그리고 약 몇 달이 지나면 흥미로운 일이 벌어집니다. 살아남은 채굴기업들, 즉 자금력이 튼튼한 기업들은 더 이상 비트코인을 팔지 않습니다. 오히려 보유하기 시작하죠. 시장의 공급량이 급감하면서 자연스럽게 비트코인 가격이 상승하게 되는 것입니다.

이 반감기 후에 오는 **약한 채굴기업의 버티기-퇴출-비트코인 물량 급감 사이클**은 통상적으로 약 3~4개월 정도 걸립니다. 그래서 비트코인이 반감기 3~4개월 후에야 비로소 상승하기 시작하는 겁니다. 이건 마치 메모리 반도체 시장의 '치킨 게임'과 비슷합니다. 약한 기업들이 무너지고 나면, 살아남은 기업들이 시장을 장악하는 거죠.

그럼 투자자들은 어떻게 할까요? 비트코인으로 큰돈을 번 '고래'들이 알트코인 시장으로 눈을 돌립니다. "비트코인으로 10억 벌었으니, 1억 정도는 알트코인에 투자해 볼까?" 이런 생각을 하는 거죠. 그리고 약 두 달 뒤, 알트코인 시장이 들썩이기 시작합니다. 시장은 급등했다가 조정받고, 또 오르고, 또 조정받고….

그러다 마지막 광기의 순간, 비트코인이 더 이상 상승하지 못할 때도, 이를 알아채지 못한 개인 투자자들이 계속해서 알트코인을 매수한다는 것입니다. "누가 얼마 벌었대", "저 코인이 대세야" 같은 이야기들을 일상에서 흔히 듣게 되죠.

이때 고래들은? 이미 자리를 떴습니다. 다음 반감기를 기다리며 말이죠.

그리고 마지막 질문. "전 국민이 다 코인을 샀다면, 이제 누가 더 살까요?"

답은 없습니다. 더 이상 매수자가 없으니, 시장은 붕괴될 수밖에 없죠.

자, 지금까지는 큰 그림을 배웠으니 이제부터는 더 구체적인 이야기를 해보겠습니다. 2024~2025년 상승장이 얼마나 큰 기회인지, 무엇을 주의해야 하는지 종합적으로 정리한 뒤 이어지는 PART2부터 정확히 무엇을, 언제, 어떻게 사야 하는지, 그리고 매도 타이밍은 어떻게 잡아야 하는지 살펴보도록 하겠습니다.

04

2024~2025년 상승장, 2017년을 뛰어넘을 수 있다

모든 것이 계획대로 흘러가고 있습니다. 2024년 알트코인 상승장은 11월에 본격적으로 시작됐습니다. 그렇다면 이번 상승장은 2017년 같은 '초대박' 상승장이 될까요, 2021년 같은 '중박' 상승장이 될까요?

저는 개인적으로 2017년 같은 초대박 상승장 가능성을 60~70%, 2021년 같은 상대적으로 작은 규모의 상승장 가능성을 30~40%로 봅니다. 몇 달 전만 해도 저는 조심스러웠습니다. '아마도 2021년처럼 온건한 상승장이 되지 않을까? 비트코인 2억 원이면 괜찮은 목표겠지…'라고 생각했죠.

하지만 지금은 생각이 완전히 바뀌었습니다. 마치 조용한 호수에 거대한 파도가 밀려오듯, 시장의 분위기가 확 달라졌거든요. 이제는 감히 말씀드립니다. 비트코인 3억 원? 충분히 가능합니다. 5억 원? 그것도 터무니없는 이야기가 아닙니다.

마이클 세일러라고 아마 들어보셨을 겁니다. 그는 마치 드래곤이 금을 모으듯 비트코인을 사 모으고 있습니다. 그의 회사 마이크로스트래티지는 총 165억 달러(약 23조 원)을 비트코인에 투자해서 약 33만 개의 비트코인을 샀습니다.

재미있는 건, 이제 다른 기업들도 그를 따라하기 시작했다는 겁니다. 마라MARA는 7억 달러, 샘러사이언티픽Semler Scientific은 2,000만 달러, 솔리디온테크놀로지Solidion Technology는 영업현금흐름의 60%를 비트코인에 투자하겠다고 발표했습니다.

이것은 아마 시작에 불과할 겁니다. 현재 글로벌 100대 기업의 총 자산이 46조 달러인데 그중 비트코인을 보유한 기업은 단 하나, 테슬라

밖에 없습니다(총 보유량 1만 1,509개, 약 11억 달러).

마치 1990년 초반에 인터넷을 도입한 기업이 100개 중 1개였던 것과 비슷합니다. 그런데 지금은 어떤가요? 인터넷을 사용하지 않는 기업은 없죠. 세계 100대 국가의 GDP는 101조 달러인데, 그중 비트코인을 보유한 국가는 6개국에 불과합니다. 총 보유량은 51만 1,733개, 약 475억 달러 정도의 규모입니다. 미국이 20만 8,000개, 중국이 19만 개, 영국이 6만 1,000개, 우크라이나가 4만 6,000개, 엘살바도르가 6,000개, 핀란드가 90개 가량을 보유 중입니다.

■ **글로벌 100대 기업, 글로벌 100대 국가의 비트코인 보유량**

Rank	Company Name	Market Capitalization (USD)	Bitcoin Holdings (BTC)
1	Apple Inc	$3.58 Trillion	0
2	NVIDIA	$3.57 Trillion	0
3	Microsoft Corporation	$3.21 Trillion	0
4	Alphabet (Google)	$2.23 Trillion	0
5	Amazon	$2.20 Trillion	0
6	Saudi Aramco	$2.18 Trillion	0
7	Meta Platforms (Facebook)	$1.45 Trillion	0
8	Tesla	$1.11 Trillion	11,509
9	Berkshire Hathaway	$1.05 Trillion	0
10	TSMC	$1.00 Trillion	0
11	Broadcom	$0.82 Trillion	0
12	JPMorgan Chase	$0.73 Trillion	0
13	Eli Lilly	$0.73 Trillion	0
14	Walmart	$0.70 Trillion	0
15	Visa	$0.63 Trillion	0
16	UnitedHealth	$0.56 Trillion	0
17	Exxon Mobil	$0.55 Trillion	0
18	Oracle	$0.53 Trillion	0
19	Tencent	$0.50 Trillion	0
20	Mastercard	$0.50 Trillion	0
21	Novo Nordisk	$0.48 Trillion	0
22	Costco	$0.42 Trillion	0
23	Home Depot	$0.42 Trillion	0
24	Procter & Gamble	$0.42 Trillion	0
25	Johnson & Johnson	$0.39 Trillion	0
26	Netflix	$0.37 Trillion	0
27	Bank of America	$0.37 Trillion	0
28	LVMH	$0.36 Trillion	0
29	Salesforce	$0.32 Trillion	0
30	AbbVie	$0.31 Trillion	0
31	Chevron	$0.30 Trillion	0
32	ICBC	$0.29 Trillion	0
33	ASML	$0.29 Trillion	0
34	SAP	$0.28 Trillion	0
35	T-Mobile US	$0.28 Trillion	0
36	Samsung	$0.28 Trillion	0
37	Kweichow Moutai	$0.28 Trillion	0
38	Coca-Cola	$0.26 Trillion	0
39	Wells Fargo	$0.25 Trillion	0
40	Merck	$0.25 Trillion	0
41	International Holding Company	$0.24 Trillion	0
42	Roche	$0.24 Trillion	0
43	Cisco	$0.24 Trillion	0
44	Toyota	$0.23 Trillion	0
45	Nestlé	$0.23 Trillion	0
46	Agricultural Bank of China	$0.23 Trillion	0
47	AMD	$0.23 Trillion	0
48	Hermès	$0.22 Trillion	0
49	Accenture	$0.22 Trillion	0
50	Adobe	$0.22 Trillion	0
51	PepsiCo	$0.22 Trillion	0
52	Alibaba	$0.22 Trillion	0
53	Morgan Stanley	$0.21 Trillion	0
54	Linde	$0.21 Trillion	0
55	McDonald's	$0.21 Trillion	0
56	ServiceNow	$0.21 Trillion	0
57	Walt Disney	$0.21 Trillion	0
58	Novartis	$0.20 Trillion	0
59	Philip Morris	$0.20 Trillion	0
60	Shell	$0.20 Trillion	0
61	Abbott Laboratories	$0.20 Trillion	0
62	AstraZeneca	$0.20 Trillion	0
63	Reliance Industries	$0.20 Trillion	0
64	American Express	$0.20 Trillion	0
65	China Mobile	$0.19 Trillion	0
66	PetroChina	$0.19 Trillion	0
67	China Construction Bank	$0.19 Trillion	0
68	IBM	$0.19 Trillion	0
69	General Electric	$0.19 Trillion	0
70	Thermo Fisher Scientific	$0.19 Trillion	0
71	Intuit	$0.19 Trillion	0
72	Intuitive Surgical	$0.19 Trillion	0
73	Texas Instruments	$0.19 Trillion	0
74	Bank of China	$0.19 Trillion	0
75	L'Oréal	$0.19 Trillion	0
76	Caterpillar	$0.18 Trillion	0
77	Goldman Sachs	$0.18 Trillion	0
78	QUALCOMM	$0.18 Trillion	0
79	Verizon	$0.18 Trillion	0
80	Mitsui	$0.18 Trillion	0
81	Royal Bank of Canada	$0.17 Trillion	0
82	Tata Consultancy Services	$0.17 Trillion	0
83	Inditex	$0.17 Trillion	0
84	Commonwealth Bank	$0.17 Trillion	0
85	HSBC	$0.17 Trillion	0
86	Booking Holdings	$0.17 Trillion	0
87	Danaher	$0.17 Trillion	0
88	AT&T	$0.17 Trillion	0
89	Comcast	$0.16 Trillion	0
90	Pinduoduo	$0.16 Trillion	0
91	Fomento Economico Mexicano	$0.16 Trillion	0
92	CATL	$0.16 Trillion	0
93	HDFC Bank	$0.16 Trillion	0
94	Raytheon Technologies	$0.16 Trillion	0
95	Nextera Energy	$0.16 Trillion	0
96	S&P Global	$0.16 Trillion	0
97	BlackRock	$0.16 Trillion	0
98	Lowe's Companies	$0.15 Trillion	0
99	Siemens	$0.15 Trillion	0
100	Deutsche Telekom	$0.15 Trillion	0
TOTAL		$45.93 Trillion	11,509

Rank	Country Name	GDP (USD)	Bitcoin Holdings (BTC)
1	United States	$25.46 Trillion	208,109
2	China	$17.96 Trillion	190,000
3	Japan	$4.23 Trillion	0
4	Germany	$4.07 Trillion	0
5	India	$3.73 Trillion	0
6	United Kingdom	$3.19 Trillion	61,245
7	France	$3.02 Trillion	0
8	Canada	$2.14 Trillion	0
9	Russia	$2.13 Trillion	0
10	Italy	$2.01 Trillion	0
11	Brazil	$1.94 Trillion	0
12	South Korea	$1.93 Trillion	0
13	Australia	$1.79 Trillion	0
14	Spain	$1.51 Trillion	0
15	Mexico	$1.42 Trillion	0
16	Indonesia	$1.40 Trillion	0
17	Netherlands	$1.01 Trillion	0
18	Saudi Arabia	$1.01 Trillion	0
19	Turkey	$0.96 Trillion	0
20	Switzerland	$0.84 Trillion	0
21	Taiwan	$0.85 Trillion	0
22	Poland	$0.84 Trillion	0
23	Sweden	$0.70 Trillion	0
24	Belgium	$0.63 Trillion	0
25	Thailand	$0.66 Trillion	0
26	Argentina	$0.63 Trillion	0
27	Norway	$0.63 Trillion	0
28	Israel	$0.59 Trillion	0
29	Ireland	$0.53 Trillion	0
30	Vietnam	$0.50 Trillion	0
31	Nigeria	$0.48 Trillion	0
32	Austria	$0.47 Trillion	0
33	United Arab Emirates	$0.45 Trillion	0
34	South Africa	$0.45 Trillion	0
35	Malaysia	$0.41 Trillion	0
36	Singapore	$0.40 Trillion	0
37	Denmark	$0.40 Trillion	0
38	Colombia	$0.34 Trillion	0
39	Philippines	$0.37 Trillion	0
40	Chile	$0.34 Trillion	0
41	Bangladesh	$0.33 Trillion	0
42	Pakistan	$0.34 Trillion	0
43	Finland	$0.30 Trillion	90
44	Egypt	$0.29 Trillion	0
45	Portugal	$0.27 Trillion	0
46	Czech Republic	$0.27 Trillion	0
47	New Zealand	$0.25 Trillion	0
48	Romania	$0.25 Trillion	0
49	Peru	$0.24 Trillion	0
50	Greece	$0.21 Trillion	0
51	Hungary	$0.20 Trillion	0
52	Kazakhstan	$0.20 Trillion	0
53	Qatar	$0.20 Trillion	0
54	Ukraine	$0.19 Trillion	46,351
55	Slovakia	$0.18 Trillion	0
56	Sri Lanka	$0.18 Trillion	0
57	Kenya	$0.17 Trillion	0
58	Ecuador	$0.17 Trillion	0
59	Oman	$0.16 Trillion	0
60	Kuwait	$0.16 Trillion	0
61	Belarus	$0.16 Trillion	0
62	Uzbekistan	$0.15 Trillion	0
63	Iraq	$0.15 Trillion	0
64	Morocco	$0.14 Trillion	0
65	Angola	$0.14 Trillion	0
66	Sudan	$0.13 Trillion	0
67	Ethiopia	$0.12 Trillion	0
68	Bulgaria	$0.12 Trillion	0
69	Croatia	$0.12 Trillion	0
70	Tanzania	$0.12 Trillion	0
71	Libya	$0.12 Trillion	0
72	Serbia	$0.11 Trillion	0
73	Jordan	$0.11 Trillion	0
74	Latvia	$0.11 Trillion	0
75	Estonia	$0.10 Trillion	0
76	Bolivia	$0.10 Trillion	0
77	Lithuania	$0.10 Trillion	0
78	Yemen	$0.10 Trillion	0
79	Afghanistan	$0.10 Trillion	0
80	Democratic Republic of the Congo	$0.09 Trillion	0
81	Zambia	$0.09 Trillion	0
82	Ghana	$0.08 Trillion	0
83	Tunisia	$0.08 Trillion	0
84	Uganda	$0.08 Trillion	0
85	Senegal	$0.07 Trillion	0
86	Panama	$0.07 Trillion	0
87	Ivory Coast	$0.07 Trillion	0
88	Cambodia	$0.07 Trillion	0
89	Paraguay	$0.07 Trillion	0
90	Namibia	$0.06 Trillion	0
91	Mozambique	$0.06 Trillion	0
92	Laos	$0.05 Trillion	0
93	Moldova	$0.05 Trillion	0
94	Cyprus	$0.05 Trillion	0
95	Iceland	$0.05 Trillion	0
96	Honduras	$0.05 Trillion	0
97	El Salvador	$0.04 Trillion	5,938
98	Bosnia and Herzegovina	$0.04 Trillion	0
99	Botswana	$0.04 Trillion	0
100	Malta	$0.04 Trillion	0
TOTAL		$100.66 Trillion	511,733

트럼프가 대통령이 된 후, 많은 것이 달라졌습니다. 우선, 트럼프 대통령은 표심만 위해서 암호화폐 친화적인 정책을 약속한 것이 아닙니다. 그의 가족이 암호화폐 산업에 깊게 연관되어 있습니다!

공약에 그치지 않을 트럼프의 친암호화폐 정책

트럼프의 가족사업이 된 암호화폐

지금 당선자 트럼프가 대통령이 되면 친암호화폐 정책을 펼친다고 주장하고 있는데, 이건 그냥 대선에서 표를 받기 위한 공약이었을까요? 많은 대선 후보들이 당선 전에는 달콤한 약속을 하고 당선 후에는 슬그머니 모른 척 하는 경우가 비일비재합니다. 트럼프도 2016년 당선 후 임기 4년 동안 공약을 모두 지키지는 못했죠. 이번에도 그렇다면 코인 시장의 전망은 어두울 수밖에 없습니다. **하지만 이번에는 다릅니다. 그가 반드시 공약을 지켜야만 하는 결정적인 이유가 있습니다.**

'World Liberty Financial**WLF**'이라는 이름의 프로젝트는 트럼프의 두 아들인 도널드 트럼프 주니어와 에릭 트럼프가 직접 진두지휘하고, 아버지 트럼프는 '수석 암호화폐 대변인**Chief Crypto Advocate**'이라는 직함까지 달았습니다.

이제 이해가 되시나요? 트럼프가 왜 "미국을 세계 최대의 암호화폐 강국으로 만들겠다"고 했는지. 왜 대통령 취임 첫날 SEC 위원장을 교체하겠다고 했는지. 이건 그냥 선거 공약이 아닙니다. 가족의 사업과 직결된 문제입니다.

"팔은 안으로 굽는다"라는 말이 있죠? 트럼프 가문이 수십억 달러를 투자한 사업이, 대통령의 정책으로 크게 성장한다면… 이보다 더 완벽한 시나리오가 있을까요?

물론 비판의 목소리도 있습니다. "선거 시즌에 맞춘 의도적인 타이밍이다", "이해상충이 있다"는 지적도 나옵니다. 하지만 역설적으로 바로 그런 이해관계 때문에 트럼프의 친암호화폐 정책은 더욱 신뢰할 만하다고 볼 수 있습니다.

트럼프 가문이 큰돈을 걸고 뛰어든 암호화폐 시장을, 트럼프 대통령이 찬물을 끼얹을 리가 있을까요? 오히려 온갖 지원을 아끼지 않을 가능성이 크지 않을까요?

이것이 다가 아닙니다. 차기 정부 핵심인사들도 암호화폐에 깊이 관여되어 있습니다. 일론 머스크는 자신이 소유한 플랫폼 엑스(X, 舊 트위터)를 통해 트럼프를 위해 엄청난 규모의 선거활동을 펼쳤고, 대선 후 공을 인정받아 정부효율화 장관**Department of Government**(줄여서 DOGE!)이 될 예정입니다. 머스크가 CEO인 테슬라는 글로벌 100대 기업 중 유일하게 비트코인을 보유하고 있죠. 그리고 머스크는 도지코인을 만든 사람은 아니지만 플랫폼 엑스 등을 통해 도지코인의 유명세에 기여해 '도지코인의 아버지'라는 별명까지 얻었습니다.

보건사회복지부 장관 내정자 로버트 F. 케네디 주니어**Robert F. Kennedy Jr.**는 최근 인터뷰에서 "나는 내 자산의 대부분을 비트코인에 투자했다**I put most of my wealth into Bitcoin**"고 공개적으로 밝혔습니다. 부통령 내정자

J. D. 밴스^{J. D. Vance} 역시 2024년 8월 기준으로 25~50만 달러 규모의 비트코인을 보유했다고 밝혔는데, 팔지 않았다면 그 후 가격이 꽤 올라서 지금은 약 50~100만 달러 수준까지 상승했을 것으로 추정됩니다.

이처럼 차기 정부의 핵심인사들이 직접 암호화폐에 크게 투자하거나 엮여 있는 상황에서, 과연 암호화폐에 불리한 정책이 나올 수 있을까요? 이는 현실적으로 매우 어려워 보입니다.

이와 관계는 있는지 모르겠으나, 미국 상원의원 신시아 루미스^{Cynthia Lummis}는 "연준이 보유한 금을 팔아서 비트코인 100만 개를 사자"는 법안을 발의했습니다. 몇 년 전만 해도 "말도 안 되는 소리!" 취급을 받았을 것 같은 이 제안이, 실제로 미 의회에서 논의되고 있는 겁니다!

폭발적 상승, 아직 시작에 불과하다

현재 전 세계 비트코인 사용자는 2억 명 정도입니다. 이는 1999년 인터넷 사용자 수와 비슷한 수준이죠. 그런데 인터넷은 어떻게 됐나요? 2005년에는 11억 명으로 폭발적으로 증가했습니다.

여기서 중요한 차이점이 있습니다. 인터넷 기업은 무한정 만들 수 있었지만, 비트코인은 영원히 2,100만 개로 고정되어 있습니다. 수요는 폭발적으로 늘어나는데, 공급은 고정되어 있다면… 가격은 어떻게 될까요?

다시 한 번 말씀드리지만, 알트코인은 비트코인이 폭발적으로 상승하면 그보다 더 폭발적으로 상승합니다. 한 가지 힌트로서 다시 한 번 반복하자면, 2017년에 비트코인이 20배 올랐을 때, 알트코인은 평균

100배 이상 올랐다는 걸 기억하시면 됩니다.

중요한 건 이런 엄청난 기회가 매 순간 계속되는 건 아닙니다.

역사는 반복된다! 더 크게 올라도, 더 크게 떨어진다

2021년 4월의 어느 날, 한 유명 크립토 인플루언서가 이렇게 외쳤습니다.

"이번엔 다르다! 이제 비트코인은 절대 50% 이상 떨어지지 않는다!"

그로부터 8개월 후, 비트코인은 6만 9,000달러에서 1만 5,000달러까지 폭락했죠. 76% 하락입니다.

2017년에도 비슷한 일이 있었습니다. "이제 기관 투자자들이 들어왔다. 더 이상 예전처럼 폭락하지 않을 것"이라는 말이 시장을 지배했죠. 결과는? 2만 달러에서 3,000달러까지 폭락. 자, 이제 2024년입니다. 또다시 "이번엔 다르다"는 말이 들려옵니다.

"트럼프가 대통령이야!" "블랙록이 ETF를 출시했어!" "이제 진짜 기관들이 들어온다고!"

맞습니다. 이런 호재들 덕분에 비트코인은 정말 엄청나게 오를 겁니다. 제가 5억 원까지도 갈 가능성이 있다고 보는 이유죠. 하지만… 자연의 법칙을 이길 순 없습니다. 마치 뜨거운 여름이 지나면 반드시 차가운 겨울이 오듯, 엄청난 상승 후에는 반드시 하락이 찾아옵니다. 심지어 상승이 더 크면 하락도 더 클 수 있습니다. 마치 높이 날아오른 새가 더 세게 땅에 떨어지는 것처럼 말이죠.

제가 보기에는 2025년 말, 늦어도 2026년에는 또다시 암호화폐의 겨울이 찾아올 것 같습니다. 비트코인은 70~80% 하락할 것이고, 알트코인들은 90% 이상 폭락할 겁니다.

"설마요, 이번엔 진짜 다르잖아요?"

재미있는 예시를 하나 들어볼까요? 1999년 닷컴 버블 때 시가총액 1위였던 시스코Cisco는 얼마나 탄탄한 회사였을까요? 당시 세계 최고의 네트워크 장비 회사였고, 실적도 훌륭했고, 정말 '대마불사'였습니다. 하지만 2000년, 고점 대비 89%나 폭락했습니다. 더 충격적인 건 그 고점을 23년이 지난 지금까지도 회복하지 못했다는 거죠. 2023년 순이익이 126억 달러이고, 1999년 대비 6배 이상 증가했는데도 말입니다! **지금은 기억하는 사람이 거의 없는데 나스닥 지수도 2000~2002년 85%나 폭락했습니다!**

비트코인은 시스코보다 훨씬 더 변동성이 큰 자산입니다. 게다가 알트코인들은 비트코인보다도 훨씬 더 극단적인 변동성을 보입니다. 그래서 저는 이렇게 조언드립니다.

"이번 상승장에서 엄청난 수익을 내세요. 비트코인 5억 원까지도 가능합니다. 하지만 절대 '이번엔 다르다'고 착각하지 마세요. 자연의 법칙을 이길 순 없습니다."

결국 암호화폐의 춤은 계속될 겁니다. 더 높이 올라가더라도, 더 세게 떨어지더라도… 4년의 사이클은 계속될 겁니다.

* P.S. 위 내용은 '2017년 같은 미친 상승장'이 올 경우에 유효한 내용입니다. 2021년의 경우처럼 상대적으로 약한 상승장이 온다면 비트코인이 고점 대비 70~80%까지 하락하지는 않을 것 같아요. 그래도 물론 2026년에 가격이 꽤 빠질 것이라고 전망합니다.

토럼프와 함께하는 **알트코인 대폭등**

PART

2

상승장을 활용하는
중장기 전략

05

중장기, 단기, 초단기 -
나에게 맞는 전략 찾기

"어떻게 투자하면 좋을까요?"

"얼마나 오래 보유해야 하나요?"

"자동매매는 어떤가요?"

많은 분들이 이런 질문을 하십니다.

제가 세 가지 전략을 준비했습니다. 당신의 성향과 상황에 맞는 걸 골라보세요.

1. 중장기 전략: 엄선된 알트코인을 매수하여 2025년 4~10월까지 보유하는 방식 입니다.
2. 단기 전략: 1~2주 단위, 길면 3~4주 단위로 핫한 코인을 사고파는 방법입니다.
3. 초단기 자동매매 전략: 컴퓨터가 24시간 알아서 매매하는 전략입니다.

"그래서 어떤 전략을 써야 하나요?"

정답은 없습니다. 여러분에게 최대한 많은 선택권을 드리기 위해, 먼저 PART2~PART3에 걸쳐 직접 매매가 가능한 중장기 전략과 단기 전략을 상세히 소개하겠습니다. 이어서 직접 코딩을 하거나 유료 소프트웨어를 구매해야 하는 초단기 자동매매 전략도 다루겠습니다.

투자전략별 장단점

전략을 구체적으로 설명하기 전 중장기, 단기, 그리고 초단기 전략

각각의 장단점을 살펴보겠습니다. 각 전략은 서로 다른 투자성향과 목표에 맞게 설계되어 있으며, 이에 따라 다양한 장점과 단점이 존재합니다. 자신에게 맞는 전략을 선택하기 위해서는 이들의 특징을 잘 이해하는 것이 중요합니다. '최고의 전략'은 투자에도, 인생에도 존재하지 않기 때문에 본인의 상황과 성향에 맞는 전략을 찾는 것이 매우 중요합니다!

중장기 전략

장점

- 한 번 사놓고 잊어도 됩니다.
- 큰 상승장의 흐름을 거의 100% 탈 수 있습니다.
- 수 배, 수십 배의 수익도 가능합니다.
- 매일 차트 보느라 스트레스받을 필요 없죠.

단점

- 상승장에서도 50% 폭락이 비일비재한데, 견뎌내야 합니다.
- 좋은 코인을 고르는 것이 쉽지는 않습니다.
- 잘못 고르면? 남들 다 벌 때 나만 제자리!
- 매매의 짜릿함은 없습니다.

단기 전략

장점

- 항상 '잘 나가는' 코인을 잡을 수 있습니다.
- 중장기보다 더 큰 수익을 노려볼 수 있습니다.

- 직접, 자주 매매하는 재미가 있습니다.
- 시장이 안 좋아지면 빠르게 빠져나올 수 있어요.

단점

- 매일 시장을 관찰해야 해서 굉장히 바쁩니다
- "떨어지는 건 사기 싫은데…" 오르는 코인을 사고 떨어지는 코인을 파는 것이 인간 심리에 반하는 행동이라 지속하기 어렵습니다.
- 갑작스러운 폭락은 피하기 어렵습니다.

초단기 전략

장점

- 설정해 두면 컴퓨터가 알아서 합니다.
- 잘 만들면 높은 수익과 낮은 위험 가능
- 시장 분위기 나빠지면 자동으로 멈춰요.

단점

- 프로그램 개발이나 구매를 위해 비용이 들어갑니다.
- 전략설계가 생각보다 매우 어려워요. 확실히 중장기 전략, 단기 전략보다 어렵습니다!
- 매매의 재미는 없습니다.

■ **투자전략 매트릭스**

투자전략	자금이 적다	트레이딩 선호	연구 선호	MDD 방어
중장기	O	X	O	X
단기	O	O	X	X
초단기	X	X	X	O

아직 감이 잘 안 오실수도 있습니다. 본인의 상황을 고려하여 어떤 전략을 선택할지 결정해야 하는데, 도움을 드리기 위해 위의 매트릭스를 작성하고, 4가지 질문으로 자신의 성향을 알아보겠습니다.

1. 자금 여부-투자할 수 있는 자금이 얼마인가요?

만약 자금이 충분하다면 어떤 전략이든 자유롭게 선택하세요. 자동매매 프로그램 비용도 부담 없죠. 분산투자도 가능합니다.

자금이 제한적이라면 월 몇만 원의 자동매매 프로그램은 부담될 수 있습니다. 중장기나 단기 전략이 더 적합합니다. 자금이 1,000만 원 이하라면, 프로그램 비용 대비 효율이 떨어져요!

2. 트레이딩 선호-매매의 재미를 즐기시나요?

트레이딩을 좋아한다면 단기 전략이 딱입니다. 매일 차트 보는 게 즐겁고, 사고파는 스릴을 즐기실 수 있어요.

트레이딩이 귀찮다면 두 가지입니다. 중장기 전략 → 한 번 사고 잊으면 됩니다. 초단기 전략 → 컴퓨터가 알아서 해주죠. 매일 차트 볼 필요가 없어요.

3. 연구 선호-코인 공부하는 걸 좋아하시나요?

연구하는 걸 즐긴다면 중장기 전략이 최고의 선택입니다. 깊이 있는 분석으로 큰 수익이 가능합니다. 주식의 가치투자처럼 접근할 수 있어요(참고로 이 방법은 이 책에서 가르치지 않습니다!).

공부는 싫다면 단기나 초단기 전략을 추천합니다. 그러나 중장기 전략을 포기할 필요는 없습니다. 주가지수 ETF에 투자하듯이 시가총액 상위 알트코인에 분산투자하는 방법도 있고, 그보다 조금 더 높은 수익을 내는 방법도 있으니 뒤에서 소개해 드리겠습니다. 초단기는 코인의 내재가치 분석은 필요 없고 차트와 추세만 보면 됩니다.

코인 연구 테마의 예

* 물론, 이것은 빙산의 일각에 불과합니다!

- 어떤 코인 프로젝트에 자산과 개발자가 몰리고 있을까?
- 어떤 코인VC가 어느 정도 규모로, 어느 가격에 각 코인에 투자를 했을까?
- 바이낸스 등 주요 리서치 센터에서 어떤 섹터와 어떤 코인을 밀고 있을까?
- 트위터와 텔레그램의 주요 인플루언서들은 어떤 섹터, 어떤 코인을 미는가?
- 어떤 코인 프로젝트 팀이 건재하고 진행하는 프로젝트가 순조롭게 진행되고 있는가?
- 어떤 코인 커뮤니티가 활발하게 활동하고 있나?
- 비트코인, 이더리움, 솔라나 생태계의 업그레이드를 통해 수혜를 볼 수 있는 코인은 무엇일까?

---

4. MDD(최대 손실폭) 관리가 중요한가요?

손실관리가 최우선이라면 초단기 전략이 가장 적합합니다. 자동화된 리스크 관리로 큰 폭의 하락을 피할 수 있습니다.

어느 정도 변동성을 감당할 수 있다면 중장기나 단기 전략도 괜찮아요. 더 큰 수익을 노려볼 수 있죠. 단, 상승장에서도 50% 이상의 하락

도 각오해야 합니다! 따라서 몇 가지 예시를 드리자면,

- 자금 많고 + 공부 좋아하고 + 매매는 귀찮다 = 중장기 전략
- 매매 재미있고 + 연구는 싫고 + 자금 적다 = 단기 전략
- 자금 많고 + MDD 관리 중요 + 매매가 귀찮다 = 초단기 전략

이제 어떤 전략이 당신에게 맞는지 감이 오시나요? 이어서 각 전략의 구체적인 실행방법을 자세히 설명해 드리겠습니다.

MDD 방어와 알트코인 자산배분

제가 보기에는 중장기, 단기, 초단기 전략 모두 내년까지 세 자릿수, 정말 운이 좋다면 네 자릿수 수익을 기대할 수 있습니다. "그럼 무조건 올인하면 되겠네요!"라면서 풀매수 하시기 전에 잠깐만요! 불편한 진실을 말씀드려야겠습니다.

상승장에서도, 네, 맞습니다. '상승장'에서도 당신의 자산은 순식간에 반 토막이 날 수 있습니다. 비트코인도 20~25%, 알트코인은 40~50%, 또는 그 이상 하락하는 조정장은 상승장에서도 계속 나타나는데, 워낙 하락이 순식간에 올 수 있어서 초단기 자동매매 전략을 써도 20~30%의 하락은 피하기 어렵습니다. 중장기나 단기 전략이라면? 최대 70%까지도 하락할 수 있어요.

네, 놀라운 숫자입니다. 1억 원을 투자했다면 3,000만 원이 되는 거죠. 견딜 수 있으신가요? 그래서 제가 외치고 싶습니다.

투자비중을 작게 가져가라!

이것은 매우 중요한 내용이니 다시 한 번 강조하겠습니다.

투자비중을 작게 가져가라!

이게 얼마나 중요한 문제인지, 8장에서 자세히 다루도록 하겠습니다. 지금은 먼저 언제 사야 하는지, 무엇을 사야 하는지부터 6~7장에서 이야기를 해보겠습니다. 하지만 절대 잊지 마세요. 아무리 좋은 매수 타이밍이어도, 아무리 좋은 코인이어도, 과도한 투자비중은 당신을 파괴할 수 있다는 것을요.

06

중장기 투자
- 언제 살까?

시간이 약이라는 말이 있죠. 하지만 알트코인 시장에서는 좀 다릅니다. "타이밍이 약이다"가 더 정확할 것 같네요. 즉, 알트코인을 언제 매수하고 매도할 것인가가 성공의 열쇠입니다.

우리의 주된 목표는 아름다운 3단계에서 수익을 실현하고, 위험한 4단계를 피하는 것입니다. 따라서 3단계의 시작과 종료 시점, 그리고 4단계로의 전환점을 정확하게 파악하는 것이 무엇보다 중요합니다. 이어서 실제로 활용할 수 있는 다양한 중장기 투자기법을 소개해 드리겠습니다. 초보자도 쉽게 따라 할 수 있는 기본적인 방법부터, 경험 있는 투자자를 위한 고급 전략까지 차근차근 살펴보겠습니다.

알트코인 중장기 투자 - 매매 타이밍의 중요성

다시 한 번 강조하지만, 알트코인은 비트코인과 달리 장기보유용 자산이 아닙니다. 알트코인 투자는 마치 제철 과일 장사와 비슷합니다. 수박을 언제 팔아야 할까요? 당연히 한여름이죠. 겨울에 수박 장사하면 망합니다. 알트코인도 똑같아요. '제철'인 3단계에서는 웬만한 알트코인이 다 쑥쑥 올라갑니다. 알트코인 시장의 상승기인 3단계에서는 정말 말도 안 되는 코인들도 다 오릅니다.

2021년 초 도지코인 열풍 때는 '슈퍼도지', '베이비도지', '할머니도지' 같은 이름만 비슷한 코인들도 모두 폭등했습니다. 하지만 4단계에 접어들자 이런 코인들은 눈 녹듯이 사라져 버렸습니다.

반면, 하락장인 4단계에서는 워런 버핏과 같은 투자의 대가라 할지라도 숏포지션(공매도)을 활용하지 않는 한 손실을 피하기 어렵습니다.

여기서 주목할 점은, 많은 투자자들이 하락장에서도 반등을 기대하며 물타기를 하거나, 장기투자를 고집하다가 큰 손실을 보게 된다는 것입니다. 알트코인 시장에서는 '존버'가 아닌 '현명한 타이밍 선택'이 중요합니다.

특히 3단계에서 4단계로 전환되는 시점을 놓치지 않는 것이 매우 중요합니다. 이는 마치 파도타기와 비슷한데, 적절한 시점에 파도를 타고 나올 줄 아는 것이 숙련된 서퍼의 특징인 것처럼, 성공적인 알트코인 투자자는 시장흐름을 읽고 적절한 시점에 포지션을 정리할 줄 알아야 합니다.

앞으로 소개할 투자기법들은 이러한 시장의 흐름을 파악하고 대응하는 데 도움이 될 것입니다. 하지만 어떤 투자기법을 선택하더라도, 항상 시장의 '단계'를 정확히 인식하는 것이 선행되어야 한다는 점을 잊지 마시길 바랍니다.

1. 언제 알트코인을 매수할 것인가?

타이밍이 중요하다는 것은 알았는데, 그러면 구체적으로 언제가 적기일까요? 과거의 패턴을 분석해 보면 꽤 명확한 흐름이 보입니다.

* 복습: 비트코인 반감기를 기준으로 시장은 이런 흐름을 보여왔습니다.

1. 반감기 직후 3~4개월: 전반적인 시장 횡보기

- 이 시기는 마치 봄철 씨앗을 뿌린 후 싹이 나길 기다리는 것과 비슷합니다.

2. 그 후 2개월: 비트코인 선행 상승기

- 비트코인이 마치 마차를 이끄는 말처럼 시장을 앞서 끌고갑니다.

3. 이후: 비트코인과 알트코인의 동반 상승(3단계)

- 드디어 알트코인의 계절이 시작됩니다.

이런 패턴을 현재에 적용해 보면, 4차 반감기가 2024년 4월 20일이었으므로 다음과 같은 시나리오를 그려볼 수 있습니다.

- 2024년 7~8월경: 비트코인 상승 시작
- 2024년 9~10월경: 알트코인 본격 상승 예상

실제로 비트코인의 상승은 이보다 조금 늦긴 했지만 많이 늦지는 않

■ 2024년 9~10월 비트코인 차트

출처: BINANCE

았습니다. 반감기가 약 4개월 반 정도 지난 2024년 9월 6일부터 상승을 시작했죠.

9월 6일부터 비트코인이 상승을 시작했고, 놀랍게도 정확히 두 달 후 트럼프가 당선된 후 알트코인 시즌이 시작했습니다. 굿 뉴스! 반감기 사이클 말고도 알트코인 계절이 지속될 것이라는 논리를 뒷받침하는 근거가 여럿 있습니다.

2. 비트코인 도미넌스로 파악하는 알트코인 시즌

시장의 흐름을 더 정확하게 파악하는 데 도움이 되는 중요한 지표가 있습니다. 바로 '비트코인 도미넌스'입니다.

■ 2014~2024년 비트코인 도미넌스

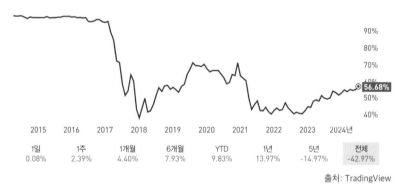

1일	1주	1개월	6개월	YTD	1년	5년	전체
0.08%	2.39%	4.40%	7.93%	9.83%	13.97%	-14.97%	-42.97%

출처: TradingView

비트코인 도미넌스란 전체 암호화폐 시장에서 비트코인이 차지하는 시가총액 비중을 나타냅니다. 이 지표의 움직임을 통해 우리는 알트코인의 강세 시기를 파악할 수 있죠.

예를 들어 비트코인 가격은 상승하는데 도미넌스가 하락한다면? 이는 알트코인들이 비트코인보다 더 가파르게 상승하고 있다는 신호입니다. 마치 비트코인이 끌어올린 물길을 따라 알트코인들이 더 높이 치솟는 모양새라고 할 수 있죠.

■ 비트코인 2차 반감기(2016.7.) 후 비트코인 도미넌스

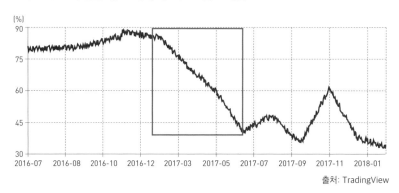

출처: TradingView

위 차트는 2016년 1월부터 2018년 1월까지의 비트코인 도미넌스를 보여주는데, 정말 흥미로운 패턴이 나타납니다. 특히 주목할 부분은 2016년 7월 반감기 이후의 흐름입니다.

- 2017년 2월까지: 80–90% 수준의 안정적인 도미넌스 유지
- 2017년 2월 이후: 급격한 하락 시작
  - 3월: 72% 수준으로 하락
  - 6월: 40% 수준까지 급락
  - 9월: 35% 수준까지 추가 하락

– 2018년 1월: 33% 수준까지 하락

반감기 후 7개월이 지난 시점(2017년 2월)부터 전반적으로 시장규모는 커짐과 동시에 비트코인의 점유율이 급격히 무너지기 시작했고, 이는 곧 알트코인들의 폭발적인 성장을 의미합니다. 쉽게 말해서 2017년 2월부터 시작된 도미넌스 하락은 '알트코인 시즌'의 시작을 알리는 신호였던 겁니다. 비트코인에 쏠려있던 자금이 알트코인 시장으로 급격히 이동했다는 뜻이죠.

하나 더 재미있는 점은, 도미넌스가 한 번 하락하기 시작하면 그 속도가 매우 빠르다는 것입니다. 2017년의 경우 불과 3~4개월 만에 80%대에서 40%대로 급락했죠. 이는 한 번 알트코인 시즌이 시작되면 그 열기가 얼마나 뜨거워질 수 있는지를 보여주는 좋은 예시입니다.

■ 비트코인 3차 반감기(2020.5.) 후 비트코인 도미넌스

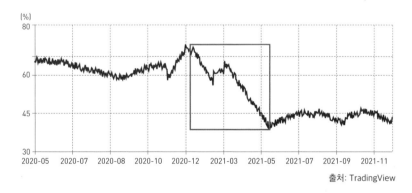

출처: TradingView

3차 반감기 후에도 앞서 본 것과 비슷한 패턴이 나타납니다. 2020년

5월 반감기 이후 비트코인 도미넌스의 흐름을 봅시다.

1. 반감기~7개월(2020년 12월)까지

- 60~65% 수준에서 비교적 안정적인 흐름
- 2021년 1월 초 잠시 71%까지 상승

2. 2021년 1월 이후

- 급격한 하락 시작
- 1월: 70% 수준
- 4월: 55% 수준
- 5월: 40% 수준까지 급락
- 이후 40~45% 구간에서 등락

여기서도 "반감기 후 7개월" 패턴이 나타납니다. 2020년 5월 반감기 이후 7개월이 지난 시점인 2020년 12월을 전후로 도미넌스가 급격히 하락하기 시작했죠. 특히 2021년 1월의 짧은 상승 후 시작된 하락은 매우 가파른 모습을 보였습니다.

이런 관점에서 보면 2024년 4월 반감기 이후에도 비슷한 패턴이 나타날 수 있습니다. 반감기 후 7개월이 지나는 2024년 11월경부터 알트코인 시즌이 본격화될 가능성이 있다는 얘기죠. 물론 과거의 패턴이 반드시 미래에도 반복된다는 보장은 없지만, 참고할 만한 중요한 지표임은 분명합니다.

지금까지 살펴본 내용을 정리해 보면, 암호화폐 시장은 마치 정해진

안무가 있는 춤처럼 일정한 패턴을 보여왔습니다.

1. 채굴자들의 적응기 또는 항복

- 반감기 직후에는 채굴자들이 새로운 수익성에 적응하는 시기입니다.
- 마치 겨울잠에서 깨어나는 곰처럼, 채굴자들이 새로운 환경에 적응하는 데 시간이 필요합니다.
- 몇몇 채굴자는 적응하지 못하고 코인 채굴사업에서 퇴출당합니다.

2. 비트코인의 선도적 상승

- 채굴자들의 적응이 끝나면 비트코인이 먼저 상승세를 보입니다.
- 이는 마치 큰 형이 먼저 길을 열어주는 것과 같은 모습입니다.

3. 알트코인으로의 확산

- 비트코인이 약 두 달간 상승하며 시장에 활력을 불어넣으면
- 이후 알트코인들이 본격적으로 움직이기 시작합니다.

4. 7개월의 마법

- 흥미롭게도 이 알트코인 강세장은 대체로 반감기 이후 7개월 즈음에 찾아옵니다.
- 2016년과 2020년 반감기 이후 모두 이러한 패턴이 관찰됩니다.

3. 미국 대선 후 정치적 불확실성의 종말

2024년 미국 대선은 그야말로 드라마틱한 전개를 보여줬습니다. 처음에는 바이든 대통령과 트럼프 전 대통령의 재대결 구도로 시작됐죠. 하지만 TV 토론에서 바이든 대통령이 결정적인 약점을 노출한 후, 해

리스 부통령에게 후보 자리를 넘기고 사퇴하는 극적인 상황이 펼쳐졌습니다. 더욱 극적인 것은 (당시)트럼프 전 대통령에 대한 암살시도였습니다. 다행히 큰 부상 없이 이를 피해간 트럼프는 결국 2024년 11월, 미국의 새로운 대통령이 되었습니다.

대선은 대부분 투자시장에 부정적인 영향을 미칩니다. 마치 안개가 낀 도로를 운전하는 것처럼, 정치적 불확실성은 투자자들의 시야를 흐리게 만듭니다. 과거를 돌아보면, 대선 직전 몇 달 동안 코인 시장과 나스닥은 대체로 조정 국면을 겪었습니다. 이는 당연한 현상일지도 모릅니다. 시장이 가장 싫어하는 것이 불확실성이니까요. 투자자들은 마치 폭풍우가 지나가기를 기다리듯, 선거결과를 기다리며 관망세를 보이는 경향이 있습니다. 하지만 선거결과가 확정되고 정치적 불확실성이 해소되면, 그동안 움츠러들었던 시장이 다시 활기를 찾을 수 있습니다.

■ 2012, 2016, 2020년 미국 대선 전 7~10월 비트코인 및 나스닥 수익률

연	2012년		2016년		2020년	
월	비트코인	나스닥	비트코인	나스닥	비트코인	나스닥
7	40.60%	0.15%	−1.56%	6.60%	23.59%	6.82%
8	8.66%	4.34%	−12.93%	0.99%	2.75%	9.59%
9	21.96%	1.61%	5.81%	1.89%	−8.00%	−5.16%
10	−9.60%	−4.46%	15.44%	−2.31%	27.34%	−2.29%

각 대선 시기별 시장 조정시기를 보면 2012년에는 비트코인과 나스닥 모두 10월에 동반 하락, 2016년에는 비트코인은 8월, 나스닥은 10

월에 각각 하락, 2020년에는 비트코인 9월, 나스닥은 9~10월에 조정, 2024년에는 비트코인 7~8월, 나스닥은 7월에 조정을 보였습니다. 특히 나스닥의 경우, 1980년 이후 대선 직전 시기의 성적표가 시사하는 바가 큽니다.

- 9월: 6번의 상승 vs 5번의 하락
- 10월: 3번의 상승 vs 8번의 하락

이런 통계를 보면 마치 시장이 선거를 앞두고 긴장하는 모습이 눈에 선합니다. 특히 10월의 경우 나스닥이 약 73%의 확률로 하락했다는 점이 인상적이죠. 11월, 즉 대선결과가 발표되고 불확실성이 해소된 후의 시장 움직임은 어땠을까요?

■ 대선 후 6개월, 비트코인과 나스닥 수익률

연	2012년		2016년		2020년	
월	비트코인	나스닥	비트코인	나스닥	비트코인	나스닥
11	12.18%	1.11%	6.11%	2.59%	42.88%	11.80%
12	7.52%	0.31%	29.48%	1.12%	49.62%	5.65%
(다음해)1	51.07%	4.06%	0.67%	4.30%	18.58%	1.42%
2	63.55%	0.57%	23.35%	3.75%	33.74%	0.93%
3	171.12%	3.40%	−9.71%	1.48%	27.53%	0.41%
4	52.91%	1.88%	20.25%	2.30%	−3.19%	5.40%

어메이징! 대선 이후 6개월간의 차트를 보면 놀라운 광경이 펼쳐집

니다. 비트코인과 나스닥이 수직상승하는 모습을 보였죠. 이는 시장의 본질을 잘 보여주는 장면입니다. 시장은 불확실성을 싫어하고 안정을 추구한다는 것!

더욱 흥미로운 것은 알트코인의 움직임이었습니다. 대선 직후인 2016년 11월~2017년 4월, 2020년 11월~2021년 4월 두 기간 동안 알트코인들은 비트코인의 상승세를 가볍게 뛰어넘었습니다. 비트코인 도미넌스가 이 구간에 급격히 하락한 것, 기억하시죠? 마치 큰형님 비트코인이 열어준 길을 따라 동생들이 더 멀리 달려간 셈이죠.

대선 후에는 정치적 불확실성 제거 때문에 늘 비트코인과 알트코인이 큰 폭의 상승을 보였습니다. 그리고 이번엔 심지어 암호화폐 시장에 매우 우호적인 트럼프가 대통령이 되지 않았습니까('들어가기에 앞서'와 4장 참고)! 평소 이상의 기대를 할 수 있을 것 같습니다.

4. 통화정책과 비트코인: 돈의 흐름이 만드는 상승장

비트코인 가격과 글로벌 통화량M2은 놀라울 정도로 밀접한 상관관계를 보여왔습니다. 이는 매우 자연스러운 현상입니다. 시장에 풀리는 돈이 많아질수록, 그 자금의 상당 부분이 비트코인을 비롯한 암호화폐 시장으로 유입되기 때문입니다.

지난 10년간의 데이터를 분석해 보면, 글로벌 통화량이 급격히 증가한 시기와 비트코인의 강세장이 정확히 일치하는 것을 확인할 수 있습니다. 특히 2015년 3월부터 2018년 1월까지, 그리고 2019년 3월부터 2021년 3월까지의 기간 동안 전 세계 통화량이 폭발적으로 증가했는

■ 글로벌 통화량(M2)와 비트코인 가격

— BTC 가격　　— M2 글로벌 공급량

출처: Bgeometrics.com

데, 이 시기에 비트코인은 역사적인 상승랠리를 보여주었습니다.

코로나19 팬데믹 시기였던 2020~2021년에는 전 세계 중앙은행들이 미증유의 통화량 확대정책을 펼쳤습니다. 그 결과 1970년대 이후 처음으로 심각한 '인플레이션'이라는 부작용에 직면하게 되었고, 이에 대응하여 미국 연준은 기준금리를 0%에서 5.5%까지 급격히 인상하는 강력한 긴축정책을 시행했습니다. 이로 인해 2021년 8월부터 2024년 7월까지 3년간 글로벌 통화량 증가율은 고작 4%에 그쳤고, 같은 기간 비트코인 가격도 큰 폭의 조정을 받았습니다.

연준의 강력한 긴축정책으로 2024년 하반기에 이르러 한때 9%까지 치솟았던 인플레이션은 2%대로 안정되었습니다. 그러나 이 과정에서 미국 경제는 심각한 둔화 조짐을 보이기 시작했습니다. 이제 연준은 새로운 딜레마에 직면했습니다. 인플레이션은 어느 정도 진정되었으나, 고금리로 인한 경기침체를 더 이상 방치할 수 없는 상황이 된 것입니다.

이러한 상황은 역설적으로 암호화폐 시장에 새로운 기회가 될 수 있습니다. 경기부양을 위한 통화량 증가가 불가피해 보이는 현 시점에서,

비트코인은 다시 한 번 강력한 상승 모멘텀을 맞이할 가능성이 높아지고 있기 때문입니다.

시장의 흐름을 이해하기 위해서는 때로는 과거의 패턴을 자세히 들여다볼 필요가 있습니다. 글로벌 통화량과 비트코인 가격의 상관관계를 분석해 보면, 매우 흥미로운 패턴이 세 번이나 반복되는 것을 발견할 수 있습니다.

■ 2014~2016년 글로벌 통화량과 비트코인 가격

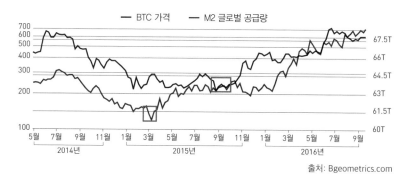

출처: Bgeometrics.com

2014년 하락장에서 글로벌 통화량이 2015년 3월 저점을 찍고 반등하기 시작했는데, 비트코인은 이때부터 하락세를 멈추더니 **약 6개월 후인 9월부터** 상승 모멘텀을 되찾았습니다.

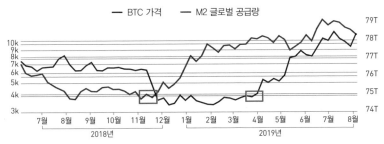

출처: Bgeometrics.com

2018년 11월 글로벌 통화량이 반등을 시작했고, 비트코인은 즉각 하락을 멈춘 뒤 약 **4개월 후**인 2019년 3월부터 강력한 상승세를 보여 주었습니다.

■ 2021~2023년 글로벌 통화량과 비트코인 가격

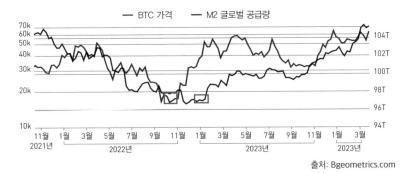

출처: Bgeometrics.com

마지막으로 4년 주기설을 다시 한 번 입증하듯, 2022년 10월 통화량 이 저점을 찍고 반등하자 비트코인은 곧바로 하락을 멈추고 **3개월 후**

인 2023년 1월부터 상승하기 시작했습니다.

이 세 가지 사례를 종합해 보면, 놀라운 패턴이 드러납니다. 글로벌 통화량이 저점을 찍고 반등하기 시작하면, 비트코인은 3~6개월 이내에 상승세로 전환된다는 것입니다.

■ **2024년 글로벌 통화량과 비트코인 가격**

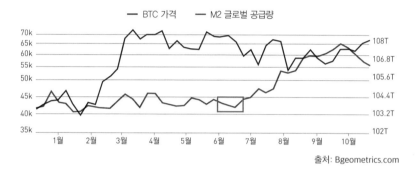

출처: Bgeometrics.com

그렇다면 현재 상황은 어떨까요? 주목할 만한 변화가 포착되고 있습니다. 글로벌 통화량은 2023년 12월부터 2024년 6월까지 약 6개월간의 횡보 끝에 6월 17일 저점을 찍고 상승세로 전환되었습니다. 그리고 놀랍게도 비트코인은 그로부터 약 3개월 후인 9월 6일 저점을 찍고 상승을 시작했습니다.

이는 결코 우연의 일치가 아닐 것입니다. 과거의 패턴이 다시 한 번 정확하게 반복되고 있는 것입니다. 더욱 고무적인 것은, 비트코인이 상승세를 보인 후 약 2개월이 지나면 알트코인 시즌이 본격화되는 경향이 있다는 점입니다.

5. 달러인덱스

비트코인 가격 움직임을 이해하는 또 하나의 핵심 지표가 있습니다. 바로 달러인덱스**Dollar Index**입니다. 이 지표와 비트코인의 관계는 마치 시소와 같은 반비례 관계를 보여왔습니다.

■ **달러인덱스와 비트코인 가격**

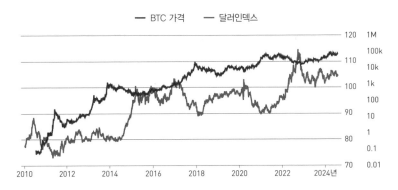

역사적 데이터를 살펴보면, 달러화가 강세를 보일 때(달러인덱스 상승) 비트코인은 약세를, 달러화가 약세를 보일 때(달러인덱스 하락) 비트코인은 강세를 보이는 뚜렷한 패턴이 발견됩니다.

지난 10년간 달러인덱스가 강세를 보였던 2011~2012년, 2014~2015년, 2018~2020년, 2021~2022년, 이 네 시기 모두에서 비트코인은 뚜렷한 약세를 보였습니다. 특히 가장 최근인 2021년 5월부터 2022년 9월까지의 '킹달러' 시기에는 달러인덱스가 90에서 113까지 급등하면서, 비트코인 가격은 무려 75%나 폭락했습니다.

이 시기 달러 강세의 주된 원인은 미국 연준의 공격적인 금리인상이었습니다. 연준이 기준금리를 0%에서 5.5%까지 급격히 올리면서, 미국 달러 예금의 투자 매력도가 크게 상승했습니다. 예를 들어, 한국의 기준금리가 3%대였던 것과 비교하면 미국의 5%대 금리는 투자자들에게 매우 매력적인 옵션이었습니다. 당연히 전 세계 자금이 미국 달러로 몰려들 수밖에 없었죠.

하지만 지금 상황은 완전히 달라지고 있습니다. 미국은 2024년 대선을 앞두고 경기부양의 필요성이 커졌고, 연준은 2024년 9월 기준금리를 0.5%p 인하했습니다. 더욱이 연준은 앞으로도 추가 금리인하를 시사하고 있습니다. 완화적인 통화정책과 재정정책으로 인한 달러 공급량 증가는 필연적으로 달러 가치하락 압력으로 작용할 것입니다.

물론 외환시장의 흐름을 정확히 예측하는 것은 매우 어려운 일입니다. 하지만 현재의 거시경제 환경을 고려할 때, 달러가 당분간 다시 '킹달러' 시대로 돌아갈 가능성은 높지 않아 보입니다. 이는 비트코인을 비롯한 암호화폐 시장에 매우 긍정적인 신호라고 할 수 있습니다.

6. 11~4 천국, 5~10 지옥? 코인은 10~4 천국이다!

제 유튜브 채널 '할 수 있다! 알고 투자(youtube.com/@강환국)'를 자주 보시는 분들은 제가 11월에서 4월까지 주식투자를 권장하고, 5월에서 10월까지는 피하라고 조언하는 것을 알고 계실 것입니다. 이 패턴을 저는 '십일사천국, 오십지옥'이라고 부릅니다.

그런데 흥미롭게도, 주식시장은 10월에 다소 부진한 편인 반면, 비트코인은 10월에 매우 강한 모습을 보입니다. 그래서 비트코인에는 '십

사천국, 오구지옥'이 더 맞는 표현인 것 같습니다.

2018년 이후 비트코인의 월별 평균 수익률 패턴은 미국 주식시장과 비슷해졌습니다. 차이가 있다면, 미국 주식은 '십일사천국' 구간에서 2월이 약하고 11월이 강한 반면, 비트코인은 2월이 강하고 11월이 약한 편입니다. '오십지옥' 구간에서는 미국 주식과 비트코인 모두 5, 6, 8, 9월이 약하고, 7월이 강한 편입니다. 특히 10월의 경우 미국 주식은 최근 크게 나쁘지 않은 반면, 비트코인은 1년 중 가장 강한 달로 꼽힙니다.

이러한 패턴에 따라, 2024년 10월부터 시작되는 4분기에는 비트코인이 상당히 높은 수익률을 기록할 가능성이 큽니다. 특히, 올해는 그 기대감이 더 큽니다. 우리는 이미 대선 직후 11월에서 4월까지의 투자 수익률이 더 좋다는 것을 알고 있습니다. 여당이 선거에서 승리하기 위해 돈을 풀 수밖에 없기 때문입니다. 통화정책이든 재정정책이든, 가능

■ 2010~2017년 비트코인 월별 수익률

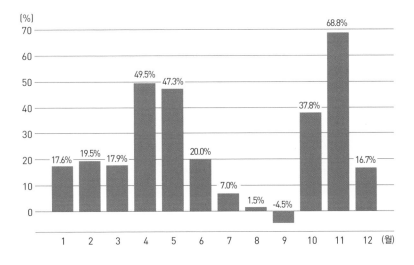

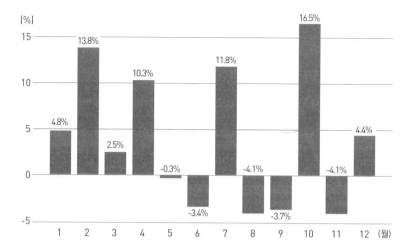

■ 2018~2024년 비트코인 월별 수익률

한 모든 수단을 동원해 경제와 자산시장을 부양할 가능성이 큽니다. 바로 이 때문에 2024년 10월부터 2025년 4월까지가 더욱 기대되는 시기입니다.

실제로 코인 전문가들은 10월을 '업토버Uptober(UP+October, 오르는 10월)'이라고 부르며, 이러한 기대감이 반영된 듯 올해는 바닥이 다소 일찍 형성되었습니다(9월 6일).

결론, 지금 당장 사라!

비트코인은 보통 반감기 이후 3~4개월부터 상승하고, 알트코인은 그로부터 약 2개월 후부터 상승하기 시작해, 반감기 7개월쯤 되는 시점부터 비트코인의 수익률을 뛰어넘기 시작합니다. 실제로 비트코인은 9월 6일을 저점으로 찍고 이미 상승세를 보이고 있습니다.

그렇다면, 올해 11월쯤부터 알트코인의 큰 상승을 기대해 볼 수 있습니다. 하지만 2024년 11월은 단순히 '반감기 7개월 후'가 아닙니다. 알트코인이 폭발적으로 상승할 수 있는 강력한 요인들이 매우 많이 준비되어 있는 시기입니다.

1. 비트코인 상승 후 2개월 + 반감기 7개월 뒤 알트코인 상승 시작

- 비트코인은 9월 6일부터 상승세를 타기 시작했습니다. 반감기 이후 7개월 시점은 정확히 11월 말입니다. 비트코인이 상승세를 탄 이후 알트코인이 본격적으로 움직이기 시작할 시기입니다.

2. 미국 대선 결과 발표 – 정치적 불확실성 해소

- 특히, 이번 대선에서는 코인에 우호적인 트럼프가 당선되었습니다. 정치적 불확실성 해소와 함께 트럼프의 정책이 코인 시장에 긍정적인 영향을 미칠 가능성이 큽니다.

3. 글로벌 통화량 증가 후 3~6개월 후 비트코인 상승

- 6월 17일부터 글로벌 통화량이 증가하기 시작했으며, 이는 비트코인의 상승세를 촉발하는 중요한 요인입니다. 역사적으로 통화량이 증가한 후 3~6개월 사이에 비트코인과 코인 시장 전체가 강세를 보였습니다.

4. 과다한 달러 공급으로 인한 달러 가치 하락

- 달러가 과다하게 공급되면서 장기적으로 달러 가치가 하락할 가능성이 큽니다. 이러한 기대는 현실이 되었습니다. 비트코인은 10월에만 달러 기준 11%

상승했고, 11월 들어서는 더욱 가속이 붙어 1일부터 24일까지 무려 39.9%의 놀라운 상승률을 기록했습니다. 4분기 코인 시장의 강세가 다시 한 번 입증된 셈입니다. 이는 코인 시장에 강력한 상승요인으로 작용할 가능성이 큽니다.

5. 10~4월은 코인이 원래 강세를 보이는 주기

- 10월부터 4월까지는 원래 코인이 강세를 보이는 시기입니다. 특히, 이번 상승장은 다양한 요인들이 겹쳐 더욱 강한 상승을 기대할 수 있는 구간입니다.

이러한 모든 요인들이 하나로 맞물리며, 트럼프 당선이라는 호재까지 겹쳐서 알트코인은 11월부터 강력한 상승을 시작했습니다. 그러나 이는 아직 시작에 불과한 것으로 보입니다. 2024년 11월 24일 기준, 비트코인 도미넌스가 최근 61%까지 상승했다가 소폭 하락하여 58~59% 수준을 유지하고 있습니다. 이는 아직 본격적인 '알트코인 시즌'이 시작되지 않았음을 시사합니다. 일반적으로 알트코인 시즌은 비트코인 도미넌스가 큰 폭으로 하락할 때 본격화되는데, 현재는 그 단계 이전이라고 볼 수 있습니다.

이것으로 '언제 사야 하는지'에 대한 답변은 충분히 드린 것 같습니다. '왜 지금이 좋은 타이밍인지'도 자세히 설명해 드렸죠. 하지만 매수 타이밍도 중요하지만, 이것만으로는 투자전략이 완성되지 않습니다. 무엇을 사야 할지, 얼마나 사야 할지, 그리고 언제 사야 할지에 대한 명확한 답변이 모두 있어야 비로소 실전에서 활용할 수 있는 투자전략이 되는 것입니다.

07

중장기 투자
– 무엇을 살까?

인덱스 투자법

주식을 해보신 분이라면 'ETF'라는 용어를 들어보셨을 겁니다. 예를 들어 'KODEX200'은 한국의 주요 200개 기업에 분산투자하는 상품이고, 미국의 S&P500 지수를 따라가는 'SPY', 나스닥 지수를 추종하는 'QQQ' 같은 상품도 국내에 널리 알려져 있죠.

그렇다면 이 ETF라는 상품은 왜 존재할까요? 그냥 엔비디아^{Nvidia} 같은 훌륭한 기업의 주식을 사면 더 높은 수익을 얻을 수 있지 않을까요? 궁금하시다면, 아래의 도표를 한 번 보시죠.

■ 1970~2005년 미국 뮤추얼 펀드 수익률

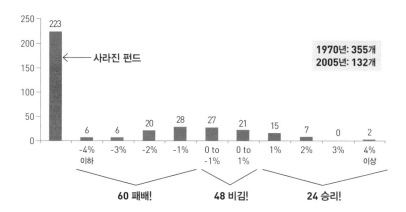

1970년, 미국에는 355개의 뮤추얼펀드가 있었습니다. 그런데 그중 2005년까지 살아남은 펀드는 132개에 불과했습니다. 사라진 223개 펀드는, 아마 수익률이 너무 뛰어나서 사라지진 않았겠죠? 그리고 살아남은 132개 펀드 중에서도 주가지수보다 연복리 수익률 기준으로 1% 이상의 초과 수익을 낸 펀드는 단 24개뿐이었습니다. 그중에서도,

- 15개 펀드의 초과 수익은 2% 미만
- 나머지 9개 중 6개 펀드는 자산이 커지면서 초과 수익을 잃어버림
- 따라서 단 3개 펀드만이 35년에 걸쳐 초과 수익을 달성!

이게 무슨 뜻일까요? 결론은 간단합니다. **주가지수를 능가하는 수익을 내는 것은 마치 로또 당첨보다 어려울 수도 있다는 겁니다!**

그런데 여기서 재미있는 점은, 이 펀드를 운용하는 사람들은 결코 바보들이 아니라는 것입니다. 펀드매니저는 여전히 선망의 직업이고, 그 자리에 오르기 위해선 높은 지능과 학력, 그리고 탄탄한 경력을 갖추고 있어야 합니다. 그런데도 그들 중 주가지수 수익률을 뛰어넘는 성과를 낸 사람은 소수에 불과하죠. 다시 말해, 아무리 똑똑한 사람도 시장을 이기기란 정말 어렵습니다.

이런 현상을 보며 또 하나의 비유를 떠올려 보죠. 월드컵에서 매번 우승을 노리는 팀은 많지만, 우승 트로피를 들어 올리는 팀은 극소수입니다. 그리고 그 우승마저도 때로는 운이 작용하기도 하죠. 코인 시장도 다르지 않습니다.

현재 코인 시장에는 코스피나 S&P500 같은 지수가 없지만, 그렇다고 문제가 될 건 없습니다. 없으면 **직접 만들면** 되니까요. 예를 들어, 주식시장에서 엔비디아나 애플 같은 슈퍼스타 기업들이 있듯이, 코인

시장에서도 비트코인이나 이더리움 같은 메이저 자산을 골라 자신만의 '셀프 ETF'를 구성하는 겁니다. 방법은 두 가지입니다.

1. 동일비중 투자

가장 간단한 방법은 시가총액 상위 10개 알트코인에 동일한 금액을 투자하는 것입니다. 이 중 USDT와 USDC는 달러와 연동된 스테이블코인이므로, 투자대상에서 제외됩니다. 코인에 투자하고 싶은 금액을 나머지 10개 코인에 동일하게10%씩 나눠 투자하면 됩니다.

2024년 10월 23일 기준으로 시가총액 상위 10대 알트코인은 ETH, BNB, SOL, XRP, DOGE, TRX, TON, ADA, AVAX, SHIB입니다. 한 달에 한 번 정도의 리밸런싱을 권합니다(아래 이어지는 '질문4'에 대한 답변 참고).

■ 2024년 10월 23일 시가총액 상위 코인

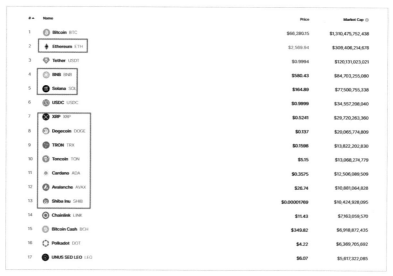

출처: CoinMarketCap

질문1. 시가총액이 상위 10위보다는 낮지만 정말 사고 싶은 코인이 있어요

투자하세요! 원래 10개 코인에 투자하려 했던 금액을 11개로 나눠 각각 1/11씩 투자하면 됩니다. 내가 좋아하는 것에 조금 투자해도 무슨 문제가 되겠습니까? 단, '몰빵'은 금물!

질문2. 시가총액 상위 10대 코인 중 정말 투자하고 싶지 않은 코인이 있어요

괜찮습니다. 그 코인을 제외하고, 다음 순위의 코인(예시에서는 SHIB 다음 순위인 LINK)을 사면 됩니다. 투자라는 건 결국, 마음에 들지 않으면 안 사는 겁니다! 굳이 그 자산을 내 포트폴리오에 포함할 필요는 없죠.

질문3. 상위 10대 코인 중 내가 사용하는 거래소에 상장되지 않은 코인이 있어요

예를 들어, BNB나 TON은 업비트Upbit 등 한국 거래소에 상장되지 않았습니다. 이런 경우에는 다음 순위의 코인(LINK, BCH, DOT 등)을 대신 사면 됩니다.

질문4. 리밸런싱을 해야 하나요?

코인 시장의 변동성은 워낙 크기 때문에 10개 코인을 매수해 보유하고 있으면 어떤 코인은 몇 배씩 오르고, 어떤 코인은 그대로일 수도 있습니다. 이런 경우 특정 코인에 포트폴리오 비중이 쏠릴 수 있으므로, 주기적인 리밸런싱이 필요합니다. 한 달에 한 번 정도가 적당합니다.

예를 들어 2024년 10월 말에 1억 원을 시가총액 상위 10대 알트코인에 분산투자했다고 가정해 보겠습니다. 한 달 후 코인 시장에 상승장이

■ 알트코인 포트폴리오 리밸런싱 예시

2024년 10월 말		2024년 11월 말	11월 말 리밸런싱 완료	
코인	투자금(만 원)	투자금(만 원)	코인	투자금(만 원)
ETH	1,000	1,179	ETH	1,486.4
BNB	1,000	1,320	BNB	1,486.4
SOL	1,000	1,807	SOL	1,486.4
XRP	1,000	806	XRP	1,486.4
DOGE	1,000	775	DOGE	1,486.4
TRON	1,000	1,928	TRON	1,486.4
TON	1,000	882	TON	1,486.4
ADA	1,000	2,035	ADA	1,486.4
AVAX	1,000	1,873	SHIB	1,486.4
SHIB	1,000	2,259	LINK	1,486.4
총자산	10,000	14,864	총자산	14,864

찾아와 전체 자산이 1억 4,864만 원으로 증가했는데, 각 코인별 상승폭은 제각각이었습니다. 일부 코인은 오히려 하락을 기록했어요.

11월 말에는 LINK가 AVAX의 시가총액을 추월하여 상위 10대 코인에 새롭게 진입했다고 가정해 보겠습니다. 이러한 상황에서 리밸런싱을 적용하면, 총자산 1억 4,864만 원을 10개 코인에 균등하게 배분하여 각각 1,486.4만 원씩 투자하게 됩니다. 구체적인 리밸런싱 방법은 다음과 같습니다.

• 현재 가치가 1,486.4만 원을 초과하는 코인은 초과분을 매도

- 현재 가치가 1,486.4만 원 미만인 코인은 부족분을 매수
- 10위권에서 밀려난 AVAX는 전량 매도하고, 그 자금으로 새로 진입한 LINK를 매수

이러한 방식으로 정기적인 리밸런싱을 실행하면 포트폴리오를 체계적으로 관리할 수 있습니다.

2. 시가총액 비중 투자

동일비중 투자는 모든 코인에 동일한 금액을 투자하는 방법이라면, 주식시장의 대표 지수들처럼, 코인도 시가총액에 따라 투자비중을 다르게 가져갈 수 있습니다. 마치 코스피200에서 '반도체 황제' 삼성전자가 가장 큰 비중을 차지하는 것처럼요.

■ **시가총액 비중 투자 예시**

코인	시가총액(억 달러)	비중
ETH	3,094	53.16%
BNB	847	14.55%
SOL	775	13.32%
XRP	297	5.10%
DOGE	201	3.45%
TRON	138	2.37%
TON	130	2.23%
ADA	125	2.15%
AVAX	109	1.87%
SHIB	104	1.79%
총계	5,820	100.00%

2024년 10월 23일 기준, 상위 10대 알트코인의 총 시가총액은 5,820억 달러입니다. 이더리움이 3,094억 달러로 53.16%를 차지하고 있죠. 1억 원을 투자한다고 하면 이더리움에만 5,316만 원을 투자하는 셈입니다. 나머지 코인들도 각자의 시가총액만큼 비중을 가져갑니다.

장점은 주식의 'Buy&Hold' 전략처럼, 한 번 사놓으면 거의 신경 쓸 일이 없습니다. 시가총액이 변동되면 포트폴리오 비중도 자연스럽게 따라가니까요. 10위권에서 탈락하는 코인이 생길 때만 교체해 주면 됩니다.

단점은 "달걀을 한 바구니에 담지 말라"는 투자의 기본원칙에 위배됩니다. 이더리움에만 50% 이상을 투자하는 건 다소 위험해 보이네요. 그래서 이더리움의 중요성을 인정하면서도 위험을 분산하는 현실적인 대안 '이더리움 30% 룰'을 소개합니다.

1. 이더리움에 30% 고정 배분(1억 원 기준 3,000만 원)
2. 이더리움을 제외한 시가총액 계산(5,820억 달러−3,094억 달러=2,726억 달러)
3. 나머지 70%를 9개 코인의 시가총액 비율대로 분배

이렇게 하면 이더리움도 적절한 비중을 유지하고, 다른 유망한 알트코인들도 균형 있게 포트폴리오에 담을 수 있습니다. 그렇게 하면 아래와 같은 결과가 나옵니다.

자, 그럼 강환국은 어떤 방법을 추천할까요? 두 방법 다 가능하긴 한데, 일단 조정 없는 시가총액 비중 투자법은 이더리움 비중이 너무 높

■ **시가총액 비중 투자 예시, 이더리움 최대 비중 30%**

코인	시가총액(억 달러)	비중
ETH	3,094	30.00%
BNB	847	21.75%
SOL	775	19.90%
XRP	297	7.63%
DOGE	201	5.16%
TRON	138	3.54%
TON	130	3.34%
ADA	125	3.21%
AVAX	109	2.80%
SHIB	104	2.67%
총계	5,820	100.00%

아서 추천하지 않고, 이더리움 비중을 30%로 제한하는 대안은 괜찮은 것 같습니다.

초과수익에 도전

시가총액 상위 10대 알트코인에만 투자해도 꽤 괜찮은 수익을 기대할 수 있습니다. 이번 상승장 3단계에서 비트코인이 2~3배 상승한다면, 상위 10대 알트코인은 5~10배 정도의 상승을 기대해 볼 수 있지 않을까요?

하지만 투자자라면 누구나 '평균 이상의 수익'을 꿈꾸기 마련입니다. 그래서 시가총액 상위 알트코인들의 평균 수익률을 뛰어넘을 수 있는 방법이 있는지 몇 가지 가설을 세우고 실제 데이터로 분석해 보았습니다.

1. 1단계에 많이 오른 코인, 3단계에도 많이 오르지 않을까?

첫 번째로 검증해 본 가설은 '초기 상승장에서 강했던 코인이 상승장 후반에도 강할 것'이라는 것입니다. 우리가 알다시피 1단계는 '완만한 상승장'으로, 주로 비트코인이 시장을 주도합니다. 그런데 이런 장세에서 비트코인보다 더 높은 수익률을 기록한 코인들이 2단계 조정기를 지나 3단계에서도 뛰어난 성과를 보여주지 않을까요? 이를 확인하기 위해 시가총액 상위 50~60개 코인들의 실제 데이터를 분석해 보았습니다.

■ 1단계 수익률과 3단계 수익률의 관계

1단계 수익률	2차 반감기 후 3단계 수익률 (2016.10.9.~2018.1.14.)	3차 반감기 후 3단계 수익률 (2020.9.6~2021.5.9)
상위 25%	10,279%	661%
차상위 25%	4,343%	1,973%
차차상위 25%	7,332%	1,006%
하위 25%	12,664%	636%
시가총액 상위 10위 코인 평균	9,910%	698%

출처: CoinMarketCap

1단계에서 상위 25% 수익률을 기록한 코인들이 3단계에서는 시가총액 상위 10대 코인들과 비교했을 때 특별히 더 높은 수익률을 보여주지 못했습니다. 이러한 데이터는 우리에게 명확한 시사점을 제공합니다. "1단계의 수익률은 3단계 수익률과 유의미한 상관관계를 보이지 않는다"를 말이죠.

즉, 초기 상승장에서의 실적이 후반 상승장의 성과를 예측하는 신뢰할 만한 지표가 되지 못한다는 것이죠. 이는 코인 시장에서 흔히 볼 수 있는 "과거 실적이 미래 수익을 보장하지 않는다"는 격언을 다시 한 번 확인시켜 주는 결과라고 할 수 있겠네요.

2. 2단계 조정장을 잘 버티거나 덜 빠진 코인들이 3단계에 많이 오르지 않을까?

두 번째로 검증해 본 가설은 '하락장에서 강한 면모를 보인 코인이 상승장 후반에 더 높은 수익률을 기록할 것'이라는 예측입니다. 2단계는 비트코인과 대부분의 알트코인이 조정을 받는 시기입니다. 이때 남다른 강세를 보이거나 비트코인보다 하락폭이 작은 코인들은 탄탄한 펀더멘털이나 시장경쟁력을 가지고 있을 가능성이 높죠. 그렇다면 이런 코인들이 3단계 상승장에서 더욱 폭발적인 상승세를 보여주지 않을까요? 하지만 실제 데이터를 분석하니 이 가설 역시 틀렸다는 것을 확인할 수 있었습니다.

분석결과, 2단계 조정기의 수익률과 3단계 상승장의 수익률 사이에는 유의미한 상관관계가 발견되지 않았습니다. 오히려 흥미로운 점은, 2단계에서 더 큰 폭의 하락을 경험한 코인들이 3단계에서 더 높은 수익률을 기록하는 경향을 보였다는 것입니다.

이를 통해 우리는 두 번째 중요한 시사점을 얻을 수 있습니다. "**2단계 수익률도 3단계 수익률과 유의미한 상관관계를 보이지 않는다.**"

이는 암호화폐 시장의 독특한 특성을 보여주는 결과라고 할 수 있겠네요. 하락장에서의 방어력이 반드시 상승장에서의 높은 수익률로 이어지지는 않는다는 점, 오히려 크게 하락한 코인이 더 큰 반등을 보일 수 있다는 점은 투자자들이 참고해야 할 중요한 시장특성입니다.

3. 가격이 낮은 코인을 사볼까?

2023년 진촨리Jinchuan Li와 이펑주Yifeng Zhu가 'Re-Examine Anomalies in the Cryptocurrency Market'이라는 논문에서 시가총액 상위 100위 코인을 분석한 결과, **가격 하위 20% 코인의 주간 수익률이 상위 20% 코인보다 평균 1.9% 더 높았다**는 결과를 공개했습니다.

이 수치의 의미를 곱씹어보니 충격적이었습니다. 단순 계산으로도 연간 100% 이상의 초과수익이 발생한다는 뜻이기 때문이죠!

■ **3단계 시작 시 가격과 3단계 수익률의 관계**

3단계 시작 가격	2차 반감기 후 3단계 수익률 (2016.10.9.~2018.1.14.)	3차 반감기 후3단계 수익률 (2020.9.6.~2021.5.9.)
상위 25%	4,666%	672%
차상위 25%	2,882%	545%
차차상위 25%	10,121%	535%
하위 25%	15,639%	1,968%
시가총액 상위 10위 코인 평균	9,910%	698%

이런 획기적인 발견에 고무되어 직접 백테스트를 실시해 보았고, 놀랍게도 연구결과가 정확했음을 확인할 수 있었습니다. **저가 코인이 고가 코인보다 월등히 높은 수익률을 기록한다는 사실이 데이터로 입증된 것입니다!** 가장 대표적인 사례들을 살펴보겠습니다.

2017~2018년 상승장의 슈퍼스타들입니다.

리플(XRP)은 2016년 10월 0.007543달러에서 246배 상승했습니다. XDN, DGB, XLM, XEM은 모두 0.01달러 미만에서 시작해 200배 이상 상승했습니다. 참고로 리플을 제외한 나머지 코인들은 대부분의 투자자들에게 생소할 것입니다. 또한 이 코인들은 현재까지도 당시 최고가를 회복하지 못했으며, 심지어 리플조차 최고가 대비 절반 이하 수준에서 거래되고 있습니다. 이것이 바로 알트코인에서 장기투자를 피해야하는 이유입니다.

2020~2021년 상승장의 대표주자들입니다.

도지코인(DOGE)은 2020년 9월 6일 0.002787달러였는데 204배 상승했습니다. BTT, HEX, VET, ADA, ZIL 등은 모두 0.1달러 미만에서 시작해 15배 이상 상승했습니다. 이처럼 명확한 패턴이 존재하는데, 왜 저가 코인이 더 높은 수익률을 기록하는 걸까요? 특히나 코인은 소수점 단위로 쪼개서 투자할 수 있는데 말이죠. 제가 분석한 바로는 이것은 순전히 투자자들의 심리와 관련이 있습니다.

- 1억 원짜리 비트코인이 10억 원이 된다? → "말도 안 되는 소리!"
- 1원짜리 코인이 10원이 된다? → "음… 가능할지도?"

• 그렇게 10원이 된 코인이 100원까지 간다? → "충분히 있을 수 있는 일이네."

놀랍게도 수익률 측면에서는 완전히 동일한 상승폭인데도 말이죠! 바로 이런 심리적 요인 때문에 대부분의 '대박'이 저가 코인에서 발생하는 것입니다. 하지만 여기서 매우 중요한 주의사항이 있습니다! **모든 저가 코인이 오르는 것은 절대 아닙니다.** 다만 제가 발견한 핵심은, 가격이 낮은 코인을 10~20개 정도 포트폴리오로 구성하면 그중에서 '로또' 급의 수익률을 기록하는 코인이 나올 확률이 통계적으로 높다는 것입니다.

일단 우리는 유의미한 패턴을 하나 찾았습니다!

"가격이 낮은 코인이 평균적으로 수익률이 높다."

주식시장에서도 흥미롭게도 이와 매우 유사한 현상이 존재합니다. 금융계에서는 이를 '동전주 효과Penny Stock Effect' 또는 '저가주 프리미엄'이라고 부르죠.

한국의 경우 2004~2024년 가격 하위 10% 주식이 연평균 수익률 44%를, 미국의 경우 2004~2024년 가격 하위 10% 주식이 연평균 수익률 33%를 기록했습니다! 주가지수의 수익률이 10% 정도밖에 안 되는 것을 감안하면 놀라울 수준의 수익률이죠.

왜 이런 현상이 발생할까요? 첫째는 심리적 진입장벽이 낮기 때문입니다. "삼성전자 10만 원 → 20만 원 vs. 1,000원 주식 → 2,000원"은 같은 100% 상승이지만, 후자가 심리적으로 더 달성 가능해 보입니다.

두 번째는 성장가능성입니다. 저가 기업들은 대체로 신생 및 성장

기업입니다. 따라서 이 중에서 10배, 100배 상승하는 기업이 나올 가능성이 가격이 높은 주식보다 더 높죠.

위와 같은 주식시장의 동전주 효과는 앞서 설명한 코인 시장의 저가코인 프리미엄과 매우 유사한 패턴을 보입니다. 이는 자산의 종류와 관계없이 인간의 투자심리가 매우 유사하게 작용한다는 것을 보여주는 흥미로운 증거라고 할 수 있겠네요.

4. 시가총액이 낮은 코인을 사볼까?

앞서 언급한 진촨리와 이펑주의 논문에는 또 하나의 흥미로운 발견이 있었습니다. 시가총액 상위 100위 코인을 분석한 결과, 시가총액 하위 20% 코인의 주간 수익률이 상위 20% 코인보다 0.7% 더 높았다는 것입니다.

단순 계산으로도 연간 50% 정도의 초과수익이 발생할 수 있다는 의미인데, 이는 분명 무시할 수 없는 수치입니다. 물론 앞서 살펴본 '저가코인 효과(주간 1.9% 초과수익)'보다는 위력이 약하지만, 그래도 상당히 매력적인 수치라고 할 수 있겠죠. 이 흥미로운 현상을 직접 확인해 보고자 백테스트를 실시했습니다.

하지만 예상과는 달리, 실제 데이터 분석결과 시가총액과 3단계 수익률 사이에는 뚜렷한 상관관계를 발견하기 어려웠습니다. 즉, 시가총액이 작다고 해서 반드시 더 높은 수익률을 기록하는 것은 아니라는 의미죠.

이는 앞서 발견한 '저가 코인 효과'와는 상당히 다른 결과입니다. 코

■ **3단계 시작 시 시가총액과 3단계 수익률의 관계**

3단계 시작 시가총액	2차 반감기 후 3단계 수익률 (2016.10.9.~2018.1.14.)	3차 반감기 후 3단계 수익률 (2020.9.6.~2021.5.9.)
상위 25%	8,468%	498%
차상위 25%	7,141%	1,870%
차차상위 25%	8,832%	667%
하위 25%	9,638%	654%
시가총액 상위 10위 코인 평균	9,910%	698%

인의 가격이 낮다는 것과 시가총액이 작다는 것은 별개의 특성이며, 수익률에 미치는 영향도 다르다는 것을 알 수 있었습니다.

이러한 분석결과는 코인 투자전략 수립에 있어 매우 중요한 시사점을 제공합니다. 단순히 시가총액이 작다는 이유만으로 높은 수익을 기대하기는 어렵다는 것이죠. 오히려 앞서 살펴본 '저가 코인 효과'가 더 유의미한 투자 시그널이 될 수 있을 것으로 보입니다.

5. 시가총액+가격 통합 순위

앞선 분석을 통해 저가 코인의 강세와 시가총액의 제한적 영향력을 확인했는데, 문득 이런 생각이 들었습니다. **"시가총액도 낮고 가격도 낮은 코인이라면 어떨까?"**

이 가설을 검증하기 위해 아래와 같은 방법을 고안했습니다. 시가총액 상위 100대 알트코인을 대상으로 시가총액 순위(1위~100위)와 가격 순위(1위~100위), 이 두 순위의 평균을 계산했죠. 예를 들어

- 비트코인: 시가총액 1위, 가격 1위 → 통합 순위 최상위

- 이더리움: 시가총액 2위, 가격 2위 → 통합 순위 2위

- 저가의 소형 코인: 시가총액 96위, 가격 93위 → 통합 순위 최하위권

이렇게 산출한 통합 순위와 3단계 수익률의 관계를 분석하니 유의미한 패턴이 발견되었습니다!

■ 3단계 시작 시 '시가총액+가격 통합 순위'와 3단계 수익률의 관계

3단계 통합 순위	2차 반감기 후3단계 수익률 (2016.10.9.~2018.1.14.)	3차 반감기 후3단계 수익률 (2020.9.6.~2021.5.9.)
상위 25%	4,537%	672%
차상위 25%	7,113%	568%
차차상위 25%	11,334%	499%
하위 25%	10,314%	1,980%
시가총액 상위 10위 코인 평균	9,910%	698%

결과는 놀라웠습니다! 통계적으로 **시가총액이 낮으면서 가격도 낮은 코인들이 평균적으로 더 높은 수익률을 기록했다는 것**이 명확하게 드러났습니다. 이는 두 가지 특성의 시너지 효과가 실제로 존재한다는 것을 의미하죠. 그럼 이런 코인을 어떻게 찾나? 이러한 코인들을 찾는 방법은 생각보다 간단합니다.

1. CoinMarketCap(www.coinmarketcap.com) 접속
2. 메인 페이지의 상위 100대 코인 데이터를 엑셀로 복사

3. 시가총액 순위와 가격 순위를 각각 계산하여 통합

다음은 제가 2024년 8월 8일에 실제로 이 분석을 진행해 본 결과입니다.

■ **2024년 8월 8일 기준 시가총액, 가격 순위와 두 순위의 합**

코인	가격(달러)	시가총액(달러)	가격 순위	시가총액 순위	두 순위의 합
Gala	0.01675	558,149,467	93	96	189
eCash	0.00003008	593,769,317	98	89	187
Beam	0.01235	610,816,993	95	86	181
Conflux	0.123	532,606,582	81	100	181
Flare	0.0162	694,288,275	94	79	173
The Sandbox	0.248	566,467,361	78	94	172
AIOZ Network	0.4832	537,857,471	70	98	168
BitTorrent [New]	0.067276	704,527,532	88	77	165
Starknet	0.3691	597,885,036	73	88	161
Popcat (SOL)	0.5886	576,764,695	67	91	158
FLOKI	0.0001242	1,188,849,712	97	55	152
Brett (Based)	0.08851	877,119,697	86	66	152
Notcoin	0.01162	1,190,768,021	96	54	150
JasmyCoin	0.02124	1,047,117,014	92	58	150
Bonk	0.00002002	1,389,552,174	99	50	149
Sei	0.2493	791,423,143	77	72	149
EOS	0.4647	699,576,709	71	78	149
Algorand	0.1132	931,555,225	83	64	147
Tezos	0.6607	656,323,341	63	82	145

코인	가격(달러)	시가총액(달러)	가격 순위	시가총액 순위	두 순위의 합
dYdX (Native)	0.9658	598,752,988	58	87	145
Nexo	1.02	569,349,338	49	93	142
Worldcoin	1.63	532,996,465	43	99	142
Fantom	0.3122	875,182,777	74	67	141
Flow	0.5289	806,435,806	68	71	139
Pyth Network	0.2749	996,477,800	76	60	136
The Graph	0.1342	1,281,589,664	80	52	132
VeChain	0.02268	1,836,544,646	91	40	131
USDD	0.998	741,389,260	56	74	130
PayPal USD	1	678,894,248	50	80	130
Hedera	0.05289	1,897,061,285	90	39	129
Akash Network	2.5	619,757,970	41	85	126
MANTRA	0.9887	827,390,908	57	68	125
Ondo	0.7117	989,113,600	62	61	123
Cronos	0.07961	2,115,353,724	87	30	117
Jupiter	0.8518	1,149,937,719	60	56	116
Axie Infinity	4.5	667,229,766	35	81	116
Core	1	905,745,297	50	65	115
Pepe	0.057764	3,266,189,440	89	25	114
Shiba Inu	0.00001096	6,460,801,096	100	13	113
Arbitrum	0.5021	1,676,809,965	69	44	113
Ethereum Name Service	17.4	572,884,313	21	92	113
Bitget Token	0.9117	1,276,341,442	59	53	112
ORDI	26.96	566,170,634	17	95	112
Zcash	33.18	541,797,277	15	97	112
GateToken	6.79	633,125,471	27	84	111

코인	가격(달러)	시가총액(달러)	가격 순위	시가총액 순위	두 순위의 합
Stellar	0.1025	3,012,803,720	84	26	110
Lido DAO	1.06	943,281,988	48	62	110
Sui	0.6456	1,676,125,599	64	45	109
Neo	9.22	650,586,547	23	83	106
Theta Network	1.11	1,109,475,649	47	57	104
Mantle	0.5956	1,945,783,496	66	36	102
Helium	5.1	819,926,553	32	69	101
KuCoin Token	7.54	720,285,959	25	76	101
Kaspa	0.1605	3,916,093,804	79	20	99
THORChain	3.07	1,029,286,065	40	59	99
Celestia	4.6	932,392,969	34	63	97
Dogecoin	0.09946	14,465,546,050	85	9	94
Optimism	1.26	1,499,214,344	45	48	93
Tether Gold	2403.01	592,398,661	3	90	93
TRON	0.1191	10,363,972,532	82	10	92
Artificial Superintelligence Alliance	0.8311	2,094,441,112	61	31	92
Polygon	0.404	4,010,251,858	72	19	91
MultiversX	27.23	742,712,263	16	73	89
First Digital USD	1	1,906,339,630	50	38	88
dogwifhat	1.67	1,664,187,067	42	46	88
Immutable	1.15	1,769,411,492	46	41	87
Cardano	0.2879	10,342,565,096	75	11	86
Quant	61.32	740,292,373	11	75	86
Bitcoin SV	40.92	807,725,833	13	70	83
Stacks	1.36	2,017,135,157	44	34	78

코인	가격(달러)	시가총액(달러)	가격 순위	시가총액 순위	두 순위의 합
Render	4.49	1,760,939,687	36	42	78
XRP	0.6163	34,513,461,722	65	7	72
Filecoin	3.52	2,029,944,851	38	33	71
Dai	0.9999	5,347,723,373	54	16	70
Cosmos	4.94	1,929,257,902	33	37	70
Injective	15.68	1,523,211,572	22	47	69
Arweave	20.29	1,332,318,900	18	51	69
NEAR Protocol	3.21	3,563,222,906	39	22	61
USDC	0.9999	34,528,860,717	54	6	60
Aptos	5.26	2,477,132,204	31	29	60
Aave	98.55	1,468,355,234	10	49	59
Tether	1	115,052,000,000	50	3	53
Uniswap	5.9	3,542,555,354	29	23	52
Polkadot	3.8	5,613,408,543	37	14	51
Internet Computer	7.24	3,389,531,412	26	24	50
UNUS SED LEO	5.7	5,278,886,359	30	17	47
Ethereum Classic	18.52	2,745,435,967	19	28	47
Maker	1884.85	1,753,530,700	4	43	47
OKB	34.04	2,042,262,599	14	32	46
Chainlink	8.19	4,979,816,413	24	18	42
Bittensor	273.34	1,965,010,395	7	35	42
Toncoin	6.28	15,813,593,639	28	8	36
Monero	150.22	2,771,126,570	9	27	36
Litecoin	51.89	3,882,939,813	12	21	33
Avalanche	17.79	7,028,930,431	20	12	32
Bitcoin Cash	283.21	5,591,345,244	6	15	21

코인	가격(달러)	시가총액(달러)	가격 순위	시가총액 순위	두 순위의 합
Solana	154.22	71,922,048,465	8	4	12
BNB	424.76	59,787,063,339	5	5	10
Ethereum	2422.41	291,322,000,000	2	2	4
Bitcoin	57119.23	1,127,370,000,000	1	1	2

출처: CoinMarketCap

예상했던 바와 같이 비트코인은 시가총액, 가격 둘 다 1위라 통합 순위도 가장 높습니다. 이더리움은 각각 2위라 통합 순위도 두 번째로 높습니다.

Gala라는 코인은 가격 순위 93위, 시가총액 순위 96위로 통합 순위가 가장 낮고, eCash, Beam, Conflux, Flare, The Sandbox 같은 코인들도 통합 순위가 낮은 편입니다. 이러한 통합 순위 하위권 코인들이 향후 상승장에서 상위권 코인들보다 더 높은 수익률을 기록할 가능성이 크다는 것이 데이터로 입증되었습니다.

이는 단순히 시가총액만 보거나 가격만 보는 것이 아닌, 두 지표를 결합해 분석함으로써 얻은 매우 의미 있는 발견이라고 할 수 있겠네요. 물론 여전히 철저한 리스크 관리와 분산투자는 필수겠지만, 이러한 방법론은 초과수익을 노리는 투자자들에게 매우 유용한 도구가 될 수 있을 것 같습니다.

유의할 것은 본문에서 다룬 2024년 8월 데이터는 예시로 활용한 것으로, 실제 분석을 위해서는 책을 구매하는 시점(2024년 12월 이후)에 'CoinMarketCap'에서 최신 데이터를 다운로드하여 활용하시기 바랍니다. 이는 가장 정확하고 시의성 있는 분석을 위해 필수입니다.

6. 신규 코인이 더 수익률이 높은가?

알트코인을 만드는 것이 얼마나 쉬운지 직접 경험해 본 사례를 들려드리겠습니다. 제가 2대 주주로 있는 '퀀터스 테크놀로지'에서도 한 번 시도해 봤는데요, 코인 하나를 만드는 데 1시간도 걸리지 않았습니다. 더 놀라운 것은 한 번 노하우를 터득하니 그 다음부터는 5분이면 새로운 코인을 만들 수 있더군요. 이것이 제가 알트코인의 99.9%가 실질적 가치가 없다고 평가하는 이유입니다. 이런 배경에서 저는 흥미로운 가설을 하나 세워보았습니다.

"대세 상승장에서는 오래된 코인보다 새로운 코인이 더 높은 수익률을 기록하지 않을까?"

논리적 근거는 이렇습니다.

- 기존 코인들은 이미 한두 번의 상승장에서 수십 배 상승을 경험
- 반면 신규 코인은 새로운 내러티브Narrative를 제시할 수 있음
  * 개인적으로 저는 'Narrative'를 '스토리'가 아닌 '구라'로 번역하는 것을 선호합니다.

사실 가장 이상적인 시나리오는 이렇습니다:

에어드롭으로 코인을 받거나, 탈중앙화거래소에 거래될 때 매수한 후 중앙화거래소 상장, 나아가서 바이낸스Binance, 업비트 같은 대형 거

래소에 상장하는 시기에 판다면 운이 좋으면 수백 배에서 크게는 수만 배까지 수익을 볼 수 있습니다. 하지만 현실적으로 수백만 개의 코인 중에서 이런 '초대박'을 찾아내기는 거의 불가능에 가깝죠.

그래서 저는 분석의 범위를 시가총액 100대 알트코인으로 한정하고, 코인의 나이와 3단계 수익률의 관계를 분석해 보았습니다.

■ 2차 반감기 후 코인 탄생 시기와 3단계 수익률의 관계

코인 발행 연도	2차 반감기 후 3단계 수익률 (2016.10.9.~2018.1.14.)
2013년 이전	5,282%
2014년	10,253%
2015년 이후	12,673%

2016년 10월 2차 반감기 이후 3단계를 분석해 보니, 처음에는 제 가설이 맞는 것처럼 보였습니다. 신규 코인들이 실제로 더 높은 수익률을 기록했거든요!

■ 3차 반감기 후 코인 탄생 시기와 3단계 수익률의 관계

코인 발행 연도	3차 반감기 후 3단계 수익률 (2020.9.6.~2021.5.9.)
2016년 이전	1,882%
2017~2018년	693%
2019년 이후	475%

하지만 3차 반감기 후의 데이터는 전혀 다른 이야기를 들려주었습니다. 오히려 2016년 이전에 만들어진 '노장급' 코인들이 신규 코인들보다 더 높은 수익률을 기록했던 것입니다.

이러한 분석결과는 제 초기 가설이 틀렸다는 것을 명확하게 보여줍니다. 신규 코인이라고 해서 반드시 더 높은 수익률을 기록하는 것은 아니었죠. 오히려 시장의 검증을 거친 오래된 코인들이 더 안정적인 수익률을 보여준다는 점은 꽤나 의미 있는 발견이었습니다.

이는 투자자들에게 중요한 시사점을 제공합니다. 단순히 '새롭다'는 이유만으로 높은 수익을 기대하기보다는, 시장에서 생존력을 입증한 코인들을 주목해 볼 필요가 있다는 것이죠.

여섯 가지 가설 검증으로 찾아낸 알트코인 투자의 황금률

자, 지금까지 우리는 여섯 가지 가설을 세우고 실제 데이터로 검증해 보았습니다. 마치 탐정이 증거를 하나하나 모으듯, 각 가설을 꼼꼼히 분석했죠.

가설 1. 1단계 강자가 3단계에서도 강하다? → X 증거 없음

가설 2. 2단계 버티기 챔피언이 3단계에서 대박? → X 증거 없음

가설 3. 저가 코인이 수익률 최강자다! → O 강력한 증거 발견

가설 4. 작은 시가총액이 큰 수익 가져온다? → X 증거 없음

가설 5. 가격도 낮고 시가총액도 작은 코인이 진정한 로또다! → O 명확한 상관관계 확인

가설 6. 신생 코인이 올드보이를 이긴다? → X 증거 없음

6개의 가설 중 딱 2개만 살아남았습니다. 그래서 최종 승자는

1. 저가 코인 효과
2. 저가 + 소형 시가총액의 시너지 효과

이것은 마치 주식시장에서 동전주가 대박을 터트리는 것과 비슷한 현상인데요. 제가 재미있는 비유를 하나 들어보겠습니다.

"10억 원짜리 집이 100억 원이 되는 것보다, 100만 원짜리 땅이 1,000만 원이 되는 게 더 믿기 쉽죠. 코인도 마찬가지입니다. 1만 원짜리 코인이 10만 원 되는 것보다, 100원짜리 코인이 1,000원 되는 게 더 가능해 보이니까요!"

따라서 여러분이 '평범한' 알트코인 투자가 아닌, '초과수익'을 노리고 싶다면 정답은 명확합니다:

가격이 낮으면서 시가총액도 작은 코인을 찾아라!

이런 종목들을 어떻게 찾는지는 앞선 페이지에서 자세히 설명드렸습니다.

08

중장기 투자
– 얼마를 베링하는가?

20년간의 투자경험을 통해 발견한 투자자들의 진화단계가 있습니다.

하수는 "뭘 사요?"라고 묻습니다.

중수는 "언제 사요?"라고 묻습는다.

고수는 **"얼마를 베팅해야 합니까?"**라고 묻습니다.

앞 장에서 우리는 무엇을, 그리고 언제 투자할지에 대해 깊이 있게 다뤘습니다. 이제 가장 중요하지만 많은 이들이 간과하는 "얼마를 베팅할 것인가"를 살펴보겠습니다.

알트코인은 매우 독특한 자산군입니다. 사실 투자대상으로서는 두 가지 치명적인 약점을 가지고 있죠. 하나, 장기적으로 보면 99.9%가 가치를 상실합니다(말 그대로 '쓰레기'가 됩니다). 둘, 단기적으로는 그 어떤 자산보다도 극단적인 변동성을 보입니다.

만약 3단계에서의 천문학적 수익 가능성이 없다면, 저는 알트코인

■ **2024년 3월 5일 도지코인 차트(시간봉)**

출처: BINANCE

같은 자산군을 아예 쳐다보지도 않았을 것입니다. 우리의 심장을 멈추게 할 만한 몇 개 코인 차트를 보여드립니다.

2024년 3월 5일, 도지코인은 0.20637달러까지 올랐습니다. 그러나 투자자들이 한숨 돌리기도 전인 불과 17시간 만에 0.126달러까지 곤두박질쳤습니다. 무려 38.9% 하락한 것입니다! 이 급락은 한국 시간으로 새벽에 발생했고, 레버리지를 사용한 수 많은 투자자들은 잠든 사이 청산되었습니다. 아침에 일어나보니 투자금이 증발해 있는 악몽 같은 상황이 실제로 일어난 것이죠.

■ **2024년 7월 솔라나 차트(일봉)**

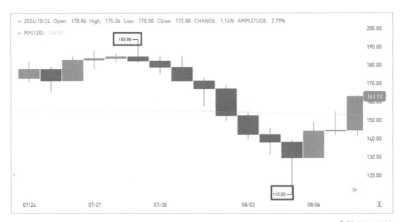

출처: BINANCE

솔라나도 7월 29일 193.98달러로 신고점을 찍었습니다. 그러나 단 7일 만에 110달러까지 폭락했습니다. 43.3% 하락한 겁니다! 시가총액 10위권 내의 '대형' 알트코인조차 이런 극단적인 변동성을 보인다는 것은 정말 충격적입니다. 저는 예시를 2개만 가져왔지만 이런 사례는 전반적으로 시장이 좋았던 2024년에도 수백 개, 아니 수천 개가 있습니다. 이런 사례들이 보여주는 가장 큰 교훈은, 이 시장에서 일반적인 리스크 관리 방법이 거의 무용지물이라는 점입니다. 이 시장은,

1. 365일 24시간 쉬지 않고 거래되는 시장
2. 투자자가 잠든 시간에도 자산가치가 크게 증발할 수 있음
   * 잠자고 일어나보니 코인이 반토막 나 있거나, 선물 투자자의 경우에는 청산되어 있는 악몽 같은 시나리오. 실제로 제 지인들이 많이 경험했습니다!
3. 손절매 주문을 걸어놓더라도 너무나 급격한 가격변동으로 인해 원하는 가격에 거래가 체결되지 않는 경우가 빈번함

그래서 우리가 살아남을 수 있는 유일한 방법은 5장에서도 잠깐 언급했지만, 이번에는 정말 강조하고 또 강조하고 싶습니다.

투자비중을 작게 가져가라!

특히 이것만큼은 제발 명심해 주십시오.

'전 재산 알트코인 올인'은 절대로, 절대로 하지 마세요. 이건 경제적 자살행위입니다.

2017~2018년 상승장에서 100배 수익을 올린 투자자들이나, 2020~2021년 상승장에서 50배 수익을 본 투자자들의 공통점을 봅시다. 그들은 처음부터 감당할 수 있는 적정 수준에서 투자를 시작했습니다. 극단적인 하락장에서도 버틸 수 있는 비중을 유지했죠. 대부분 전체 자산의

10~20% 이내로 투자비중을 제한했습니다.

반면 과도한 비중으로 뛰어들었다가 극단적인 변동성을 견디지 못하고 결국 최악의 타이밍에 손절하거나 아예 청산 당해서 다음 기회가 아예 없는 투자자들의 사례는 제가 일일이 열거하기 어려울 정도로 많습니다.

알트코인 투자에서 가장 중요한 것은 '살아남는 것'입니다. 아무리 매력적인 수익률이 기다리고 있다 해도, 그 과정에서 파산하거나 심리적으로 붕괴되어버리면 아무 소용이 없죠. 현명한 투자자라면, 엄청난 수익의 가능성에 현혹되어 기본적인 리스크 관리를 놓치는 실수는 절대 하지 않습니다.

그럼 전 자산 대비 어느 정도 비중을 알트코인에 투자하는 것이 좋을까? 먼저 '전 자산'의 정의부터 명확히 해보겠습니다. 거주 중인 부동산은 제외하는 것이 맞습니다. 왜냐고요? 그건 투자자산이라기보다는 생활필수품이니까요.

■ 순자산의 예

자산구분	금액(억 원)
내가 사는 부동산	10
~에 관련된 부채	5
기타자산(주식, 채권, 금 코인, 투자부동산, 예금 등)	0.5
순자산	5.5
(진짜) 순자산	0.5

전형적인 서울 직장인의 자산구조를 예로 들어보겠습니다. 집값이 10억 원이고 대출 5억 원이 있고, 금융자산 등이 5,000만 원 있으니 순 자산은 5.5억 원(10-5+0.5)인데, 거주용 부동산은 당장 현금화할 수 없 는 자산이므로, 이 사람의 실질적인 투자 가능 자산은 5,000만 원으로 봐야 합니다. 제가 이전 저서《비트코인 폭발적 상승에 올라타라》에서 "자산의 10% 이상을 잃으면 안 된다"고 했는데, 오늘은 이 조언을 수정 하려 합니다.

"퍼센테이지가 아닌, 절대 금액으로 접근하세요!"

먼저 자신에게 물어보세요. "알트코인에 투자해서 이 정도는 잃어도 괜찮아"하는 금액이 얼마인지요? 생계에 전혀 지장이 없는 금액, 잃어도 잠 못 이루지 않는 금액이어야 합니다. 하지만 여기서 큰 함정이 있습니 다. 대부분의 투자자들이 이 금액을 심각하게 과대평가한다는 거죠.

"에이, 1억 원 정도야 잃어도 괜찮지!"라고 호언장담하지만… 제가 지켜본 바로는 2,000만 원만 손실 봐도 소주병을 붙잡고 한숨 쉬는 분 들이 부지기수였습니다.

그래서 제가 드리는 황금률, **"당신이 감당할 수 있다고 생각하는 금 액을 3으로 나누세요. 그게 진짜 당신이 버틸 수 있는 금액입니다."** 실 제로 투자심리학 연구에 따르면, 대부분의 사람들이 자신의 리스크 허 용 범위를 2~3배 과대평가한다고 합니다. 예를 들어 잃어도 된다고 생 각하는 금액이 3,000만 원이라면 실제 투자해도 되는 금액은 1,000만 원(3,000÷3)입니다.

가끔 이런 분들도 계십니다. "제가 500만 원 있는데 올인하겠습니다! 다 잃어도 두 달만 열심히 일하면 벌 수 있어요!" 음… 그래도 167만 원(500÷3)만 투자하는 게 어떨까요?

이 '손실 감내 금액을 3으로 나누는 원칙'을 적용하면 자연스럽게 한 가지 안전장치가 생깁니다. **어떤 경우에도 전체 자산의 3분의 1 이상은 알트코인에 투자할 수 없게 됩니다.** 이는 매우 합리적인 제한이라고 생각합니다. 특히 투자금액이 크지 않은 경우에는 더욱 그렇죠. 절대 금액이 작은 경우에는 자산의 3분의 1 투자가 꽤 합리적인 선택이 될 수 있습니다. 왜냐하면 손실 발생 시 단기간 내 복구 가능하고, 심리적 부담이 상대적으로 적고, 리스크 대비 상승 잠재력이 충분하기 때문입니다.

그렇다면 투자금액이 그보다 많은 사람은 어떨까요? 제가 20년간의 투자경험과 수많은 투자자들과의 대화를 통해 발견한 사실입니다. 대부분의 사람들이 6개월치 수입 이상을 잃으면 하나, 심각한 정신적 스트레스를 겪습니다. 둘, 일상생활에 지장이 생깁니다. 셋, "내가 이걸 만회하려면 얼마나 더 일해야 하지?"라는 생각에 사로잡혀 우울해집니다. 따라서 당신이 설령 100억 대 자산가라 해도, 알트코인 투자는 6개월치 수입으로 제한하시기를 강력히 권장합니다.

지금까지 설명한 내용을 정리해 보면, 제가 투자자 여러분께 권장하는 알트코인 투자 금액은 다음 세 가지 기준 중 가장 보수적인 금액이 되어야 합니다.

알트코인 자산배분! 다음 세 가지 중 가장 작은 금액을 선택하세요!

- (감당 가능하다고 생각하는 금액) ÷ 3
- (투자 가능 자산) ÷ 3
- 6개월치 수입

혹시 의아하실 수도 있습니다. "이 사람이 트럼프 시대에 알트코인으로 큰돈을 벌 수 있다면서 왜 이렇게 투자를 말리나?" 그 이유는 단 하나입니다. **수익률보다 더 중요한 것은 투자자로서의 생존입니다!**

폭발적인 수익을 노리다 모든 것을 잃는 것보다, 적정 수준의 베팅으로 끝까지 살아남아 기회를 노리는 것. 그것이 제가 20년 투자인생에서 배운 가장 소중한 교훈입니다.

제가 이 책을 쓰는 가장 큰 목적이 있습니다. 바로 여러분이 파산의 위험 없이, 다가올 알트코인 강세장에서 인생을 바꿀 수 있는 기회를 잡는 방법을 알려드리는 것입니다. 그 핵심에는 '코어-새틀라이트Core-Satellite 전략'이 있습니다. 이 전략은 제 유튜브 채널 '할 수 있다! 알고 투자'에서도 여러 차례 다룬 바 있는, 검증된 자산배분 방식입니다.

이는 자산의 80~95%를 국내외 주식, 채권, 실물자산 등에 분산투자해서 상대적으로 안전한 자산배분을 하고 나머지 5~20%를 리스크는 높지만 높은 수익을 기대할 수 있는 '하이 리크스-하이 리턴' 자산에 투자하는 전략을 의미합니다.

코어-새틀라이트 전략은 포트폴리오의 핵심인 코어 자산에 안정적으로 투자하여 전체적인 안정성을 확보하면서도, 새틀라이트 자산을 통해 높은 성장 가능성을 노릴 수 있는 전략입니다. 자산이 1억 원이라고 가정해 볼까요? 전체 자산을 연복리 수익률 8% 정도인 자산배분 포트폴리오에 투자하면 언젠가는 경제적 자유를 누릴 수는 있겠지만, 시간이 꽤 오래 걸리겠죠.

하지만 1억 원 중 9,000만 원을 자산배분 포트폴리오에 투자하고, 나머지 1,000만 원을 알트코인 같은 하이 리스크-하이 리턴 자산에 투자한다면 어떨까요?

1. 운이 좋아 새틀라이트 자산에서 100배 수익이 난다면, 1,000만 원이 10억 원이 되어 인생이 바뀔 수 있습니다!

2. 운이 나빠 1,000만 원이 0원이 되더라도, 나머지 9,000만 원은 큰 손실을 보지 않았을 테니 자산이 조금 줄긴 하지만, 일상생활에 지장을 주거나 재정상태에 큰 타격을 받지는 않습니다.

그러나 만약 전 재산 1억 원을 새틀라이트 자산에 투자했는데 그 자산이 0원이 된다면 타격이 큽니다. 아마 일상생활에도 영향을 미칠 것이며, 전 재산을 잃었으니 삶의 의욕도 많이 저하될 겁니다.

그래서 '잘 되면 대박, 못 돼도 그만'이 가능한 전략인 코어-새틀라이트 전략을 추천하는 겁니다! 저는 알트코인을 새틀라이트로 취급하여

알트코인 자산배분! 다음 세 가지 중 가장 작은 금액을 선택하세요!
• (감당 가능하다고 생각하는 금액) ÷ 3
• (투자 가능 자산) ÷ 3

• 6개월치 수입

이 금액 내에서 투자하는 것을 권장합니다.

그렇다면 코어-새틀라이트 전략에서 새틀라이트 자산에 자산의 몇 %를 투자하는 것이 적합할까요? 새틀라이트 자산에 할당할 적절한 비율은 투자자의 개인적인 위험 허용도, 재무상황과 전문성에 따라 다릅니다. 위에서도 언급했지만 전체 포트폴리오의 5%에서 20% 사이를 새틀라이트 자산에 투자하는 것을 권장합니다.

〈근거 및 고려사항〉

1. 위험 허용도

- 보수적인 투자자: 위험을 최소화하고 안정적인 수익을 추구하는 경우, 새틀라이트 자산의 비중을 낮게 설정하여 전체적인 포트폴리오의 변동성을 줄일 수 있습니다. 이 경우 5% 정도가 적절할 수 있습니다.

- 공격적인 투자자: 높은 수익을 기대하며 더 큰 변동성을 감수할 수 있는 경우, 새틀라이트 자산의 비중을 높일 수 있는데, 그래도 될 수 있는 한 20%를 넘기진 마세요!

2. 재무상황

- 안정적인 소득과 자산을 보유한 경우, 새틀라이트 자산에 더 많은 비중을 할당하여 포트폴리오의 성과를 극대화할 수 있습니다. 연봉이 높은 경우 '월급 6개월'의 기준도 높아집니다!

- 재무적으로 불안정하거나 유동성이 필요한 경우, 새틀라이트 자산의 비중을

줄이는 것이 바람직합니다.

3. 시장전망 및 전문성

- 특정 산업이나 자산군에 대한 깊은 이해와 전문성을 가지고 있다면, 그 분야의 새틀라이트 자산에 더 많은 비중을 투자할 수 있습니다.
- 시장의 불확실성이 높거나 특정 자산군에 대한 확신이 부족한 경우, 새틀라이트 자산의 비중을 낮추는 것이 좋습니다.

결론적으로, 새틀라이트 자산에 투자할 비율은 개인의 상황에 따라 달라지며, 신중한 평가와 계획이 필요합니다!

09

중장기 전략
– 언제 팔까?

먼저, 불편한 진실을 다시 한 번 직시하겠습니다. 여러분, 저와 함께 복창해 보시죠.

알트코인은 쓰레기다!! 알트코인은 쓰레기다!! 알트코인은 쓰레기다!!

왜 이렇게 극단적으로 말씀드리는 걸까요? 3단계에서 10배의 수익을 올려도, 4단계에서 우물쭈물하다가 90% 손실을 보면 결국 본전이기 때문입니다. 상승장에서는 앞서 설명한 '저 시가총액+저가 코인' 전략으로 초과수익을 노릴 수도, 혹은 단순히 시가총액 상위 코인에 분산투자해도 충분한 수익을 낼 수 있습니다.

하지만 하락장은 완전히 다른 게임입니다. 주요 코인들의 최대하락폭**MDD**을 보면 정말 끔찍하죠. 물론 우리가 완벽하게 고점에서 매도하거나 하락장을 완전히 피하긴 어렵습니다. 하지만 대략적인 고점 구간에서는 반드시 매도해야 합니다.

■ **주요 코인의 MDD**

코인	MDD
ETH	94.8
BNB	90.2
SOL	96.5
XRP	96.7
DOGE	93.4
TON	93.0
TRX	96.6
ADA	98.6
AVAX	94.1

어려운 일이지만, 제가 발견한 중요한 매도 시그널을 공유하겠습니다.

"비트코인이 멈추면 알트코인도 곧 멈춘다."

2차, 3차 반감기 이후 상승장 말기를 보면 정말 미친 듯한 '광기의 장'이 펼쳐졌습니다. 제가 2017년 말에 직접 목격했는데요, 하루에도 몇 번씩 "와… 이건 진짜 말도 안 되는데?"를 연발하게 만드는 수익률이 나왔죠.

하지만 이런 광기의 끝에서 항상 발견되는 특이한 현상이 있습니다. 바로 비트코인은 더 이상 오르지 않는데, 알트코인들만 미친 듯이 폭등하는 현상입니다.

2017년 12월부터는 비트코인이 더 이상 가파른 상승을 보여주지 못

■ **2차 반감기 후 상승장 마지막 두 달 주요 코인 월간 수익률(2017.11.12.~2018.1.7.)**

코인	2017.12.10.	2018.1.7.
BTC	159.75%	6.61%
ETH	43.46%	161.06%
XRP	20.27%	1323.43%
LTC	151.92%	94.03%
XEM	118.40%	367.69%
DASH	28.45%	86.65%
STEEM	101.25%	284.24%
MAID	14.32%	158.81%
LISK	44.31%	329.82%
DOGE	145.38%	570.99%
XMR	98.07%	87.23%
알트코인 평균	76.58%	346.40%

했으나(월간 수익률 6.61%), 주요 알트코인은 무려 346%나 상승했습니다.

■ 3차 반감기 후 상승장 마지막 두 달 주요 코인 월간 수익률(2021.3.14.~2021.5.9.)

코인	2021.4.11.	2021.5.9.
BTC	1.52%	-3.28%
ETH	16.34%	82.09%
XRP	207.74%	12.85%
BCH	24.89%	105.07%
BSV	38.14%	29.74%
LTC	17.80%	52.37%
BNB	98.53%	26.05%
EOS	69.72%	56.14%
XTZ	62.85%	9.82%
LINK	17.82%	53.89%
ADA	19.59%	39.78%
알트코인 평균	57.34%	46.78%

2021년에도 3~5월 동안 비트코인은 횡보했으나, 주요 알트코인은 각각 57%, 47% 상승했습니다.

공원에서 산책하는 개 주인과 강아지들을 상상해 보세요. 개 주인이 비트코인이고, 강아지들이 알트코인입니다. 평소엔 주인이 가는 방향으로 강아지들도 움직이죠. 어떤 강아지는 신나서 앞으로 달리고, 어떤 강아지는 뒤처지면서 냄새도 맡고… 하지만 대체로 같은 방향입니다.

그런데 상승장 막바지가 되면 이런 상황이 벌어집니다. 개 주인은 벤치에 앉아서 쉬거나 심지어 '이제 집에 가자'하며 뒤돌아가려 하는데,

강아지들은 갑자기 미친 듯이 앞으로 달리기 시작합니다. 마치 '우리는 주인 없이도 살 수 있다!'고 외치는 것처럼요. 그러나 주인 없이 강아지는 살 수 없듯이 이런 현상이 영원히 지속될 수는 없습니다. 비트코인이 하락하면 알트코인도 같이 폭락할 수밖에 없죠.

왜 이런 현상이 생길까요?

간단합니다. 비트코인은 주로 '똑똑한 돈(기관 투자자, 고래)'이 움직이고, 알트코인은 '뜨거운 돈(개인 투자자)'이 움직입니다. 경험 많은 투자자들은 이미 "아, 이제 끝이 보이는구나"하고 비트코인을 매도하는데, 경험이 부족한 투자자들은 여전히 "아직 더 오를 거야!"라며 알트코인에 올인하는 거죠.

따라서 비트코인이 더 이상 오르지 않고 알트코인만 상승하는 시기가 오면 우리는 매도를 준비해야 하는데 구체적으로 매도 타이밍을 알려주는 여러 시그널이 있습니다. 중장기 지표도 있고, 단기 지표도 있죠. 같이 살펴보시죠!

중장기 지표

중장기 지표 1. MVRV 지표

주식시장에서 PBR이라는 지표를 들어보셨을 것입니다. 코인 시장에도 이와 비슷한 지표가 있는데, 바로 'MVRV'입니다. MVRV는 'Market Value'와 'Realized Value'의 첫 글자를 따온 것입니다. 쉽게 설명하자면

'현재 코인의 총 가치'를 '투자자들이 실제로 지불한 평균가격'으로 나눈 값입니다. 마치 부동산 시장에서 현재 아파트 시세를 실거래 평균가격으로 나누는 것과 비슷한 개념이죠.

이 지표가 특별한 이유는 1이라는 숫자를 기준으로 명확한 의미를 갖기 때문입니다. MVRV가 1보다 크다는 것은 현재 시장 참여자들이 평균적으로 수익을 보고 있다는 의미입니다. 반대로 1보다 작다면 투자자들이 평균적으로 손실을 보고 있다는 뜻이겠죠.

■ **비트코인의 MVRV**

출처: Blockchain.com

특히 비트코인의 경우, 이 MVRV 지표가 매우 흥미로운 패턴을 보여왔습니다. 상승장 막바지에 이 수치가 서서히 상승하다가 특정 지점에서 급격히 하락하는 모습을 반복적으로 보여왔는데, **3.7이 변곡점이 되는 경우가 여러 번 있었습니다.**

켄 피셔Kenneth Fisher는 시장은 '위대한 능멸자The Great Humiliator'라는 표

현을 썼습니다. 가장 많은 사람들에게 가장 많은 고통을 주기 위해 설계되었다는 의미였습니다. 따라서 "과도한 이익은 지속될 수 없다"라는 철칙을 가지고 있죠. 그래서 MVRV가 3.7을 넘어가면, 마치 압력밥솥의 증기가 한계점에 도달한 것처럼 경계해야 할 시점이 됩니다.

워런 버핏**Warren Buffett**이 "시장이 탐욕스러울 때 두려워하라"고 했던 것처럼, MVRV 3.7은 우리에게 중요한 신호를 보내는 것입니다. '지금 이 바로 수익실현을 진지하게 고민해야 할 시점'이라고 알려주는 것이죠. 다음 상승장에서 MVRV가 3.7에 근접한다면, 이는 단순한 숫자가 아닌 시장의 중요한 메시지로 받아들여야 할 것입니다.

중장기 지표 2. 푸엘**Puell** 지표

비트코인 생태계에서 채굴자들은 마치 산업혁명 시대의 광부들과 같은 존재입니다. 이들의 일상적인 수입의 변화를 추적하는 특별한 도구가 있는데, 바로 푸엘 지표입니다. 데이비드 푸엘**David Puell**이 개발한 이 지표는, 비트코인 세계의 '광부들'이 얼마나 좋은 수입을 올리고 있는지 정확하게 보여줍니다.

푸엘 지표는 오늘 채굴자들이 벌어들인 수익을, 최근 1년간의 평균 수익과 비교하는 것입니다. 마치 직장인의 이번 달 월급을 연봉의 월평균과 비교하는 것과 비슷하죠. 이 비율이 1보다 크다면 채굴자들이 평소보다 더 행복할 것입니다. 반대로 비율이 1보다 낮으면 덜 행복하겠죠.

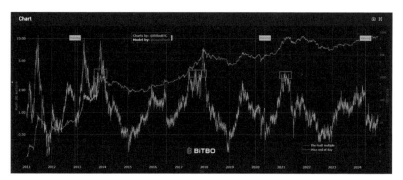

하지만 시장은 누군가가 너무 오래 즐거워하는 것을 그리 달갑게 보지 않습니다. 채굴자들의 수익이 지나치게 높아지면, **구체적으로 푸엘 지표가 3.5를 넘어서면**, 시장은 어김없이 찬물을 끼얹곤 했습니다. 이는 마치 MVRV 지표가 3.7에서 경고음을 울리는 것과 묘하게 닮아있습니다. 두 지표 모두 시장의 과열을 경고하는 적색등 역할을 하는 것이죠.

주식시장을 떠올려보면 이해가 더 쉽습니다. PER나 PBR이 높은 주식들도 한동안은 승승장구할 수 있습니다. 비트코인도 마찬가지입니다. 고평가 신호가 켜졌다고 해서 당장 내일 폭락하지는 않습니다. 하지만 역사는 우리에게 중요한 교훈을 들려줍니다. 어떤 자산도 영원히 고평가 상태를 유지할 수는 없다는 것입니다. 17세기 튤립도, 2000~2002년 당시 닷컴 버블 시대의 기업들도, 2023년 에코프로도 그랬습니다. 결국 적정가치를 향해 회귀하는 것이 시장의 본질입니다.

중장기 지표 3. 비트코인 120일 이동평균선

제가 코인 실전투자를 하면서 가장 신뢰하는 지표를 하나만 꼽으라면, 단연 비트코인의 120일 이동평균선입니다. 이 지표는 제 저서 《비트코인 폭발적 상승에 올라타라》에서도 자세히 다룬 바 있는데, 놀랍게도 이 단 하나의 선이 행복과 불행을 가르는 경계가 될 수 있다는 사실을 발견했습니다.

즉, 비트코인 가격이 120일 이동평균선보다 높으면 매수, 낮으면 매도하고 현금을 보유하는 전략의 수익률은 매우 준수했습니다.

■ **비트코인 보유 및 매수 전략 수익률 비교(2014.1.~2024.8.)**

실제 데이터를 보면 정말 놀랍습니다. 2014년 1월부터 지금까지, 단순히 비트코인을 보유만 했다면 69배의 수익을 올릴 수 있었습니다.

물론 대단한 성과죠. 하지만 120일 이동평균선을 활용했다면 어땠을까요? 무려 10,945배라는 천문학적인 수익률을 기록할 수 있었습니다. 이건 마치 100만 원으로 시작해서 109억 원을 만드는 것과 같은 수익률입니다.

이 전략을 알트코인 시장에도 응용할 수 있습니다. **알트코인도 비트코인 가격이 120일 이동평균선 위에 있을 때는 보유하고, 아래로 떨어지면 전량 매도합니다.** 왜냐고요? 알트코인 시장은 결국 비트코인의 움직임을 따라가기 때문입니다. 마치 비트코인이 춤을 추면 알트코인들이 따라 추는 것처럼 말이죠.

특히 2018년이나 2022년의 대폭락장을 돌이켜보면 이 전략의 진가가 더욱 빛납니다. 120일 이동평균선을 통해 우리는 이런 대참사를 상당 부분 피해갈 수 있었습니다. 제가 실전에서 이 전략을 고수하는 이유이기도 합니다.

앞서 설명드린 MVRV나 푸엘 지표와의 조합도 가능합니다. 이 지표들이 과열신호를 보내면 매도할 준비를 하고, 실제 비트코인 가격이 120일 이동평균선 아래로 떨어질 때 매도를 실행하는 방법도 가능합니다.

제가 암호화폐 시장을 꽤 오래 분석하고 실전매매를 하면서 수많은 지표와 전략을 테스트해 봤습니다. 하지만 120일 이동평균선만큼 단순하면서도 강력한 도구는 아직 찾지 못했습니다. 이는 제 투자의 중심축이자, 매 거래에서 가장 먼저 확인하는 지표입니다.

마치 등산할 때 고도계를 확인하듯, 매일 아침 저는 비트코인 가격과 120일 이동평균선의 위치를 체크합니다. 이 단순한 습관이 제 자산을 지키는 가장 강력한 방패가 되어주었습니다. 복잡한 차트나 현란한 지표들 사이에서, 때로는 이런 단순함이 가장 강력한 무기가 될 수 있다는 것을 실전투자를 통해 깨달았습니다.

참고로 비트코인 120일 이동평균선은 중단기 전략에서도 매우 중요해서 11장에서도 상세히 다룹니다.

위에 소개한 3개 지표는 중장기 지표입니다. 중장기 지표만 가지고 투자할 수도 있어요. MVRV, 푸엘 지표가 높으면 조심하고 있다가 120일 이동평균선 하향돌파 시 매도하는 전략이 대표적이지요. 그런데 그렇게 투자하면 이미 가격이 상당히 떨어졌을 때 매도할 가능성이 있습니다. 좀 더 단기적으로 비트코인 시장의 과열을 알려주는 지표들이 존재합니다. 이 지표가 뜨면 짧으면 며칠, 길어도 몇 주 내로 큰 조정이나 하락이 오는 경우가 많으니 이 지표를 통해서 거래하면 좀 더 빨리 시장에서 빠져나올 수 있습니다.

단기 지표

단기 지표 1. 휴먼 인디케이터

투자의 대가 켄 피셔는 시장을 특별한 이름으로 부릅니다. '위대한 능멸자'라고 말이죠. 시장의 진정한 목적이 무엇이냐고요? 가능한 한 많은 사람들의 지갑을 비워가면서 그들을 철저하게 모욕하는 것이라고 합니다. 웃자고 하는 말일 수도 있지만, 시장을 오래 지켜본 사람이라면 고개를 끄덕이게 되는 통찰입니다.

시장의 냉혹한 진실은 이렇습니다. 대다수가 돈을 벌 수 있는 시장은 존재하지 않습니다. 소수의 승자가 다수의 패자들이 흘린 피와 땀으로 수익을 만드는 구조죠. 그래서 많은 사람들이 이런 생각을 합니다. "그럼 성공한 투자자들을 따라 하면 되지 않을까?" 하지만 현실은 그리 녹록지 않습니다.

- 대부분 고수들은 자신의 매매내역을 공개하지 않습니다.
- 설령 공개하더라도 이미 때는 늦었죠. 종종 그들이 산 후 이미 가격은 올랐습니다.
- 그들도 실수를 합니다.
- 매도할 때는 보통 알려주지 않습니다.
- 때로는 의도적인 허위정보를 퍼뜨리기도 합니다.

그래서 제가 실전에서 사용하는, 훨씬 더 효과적인 방법을 공유하고자 합니다. 바로 '투자 최하수 찾기'입니다. 주변을 둘러보면 분명히 있습니다. 투자만 하면 어김없이 실패하는 사람들 말이죠. 그들이 매수하면 거짓말처럼 하락장이 시작되고, 견디다 못해 팔면 바닥을 찍고 반등합니다. 마치 시장이 그들을 놀리기라도 하듯이 말이죠.

실전전략은 이렇습니다. 이런 '마이너스의 손'을 가진 지인들과 적극적으로 교류하세요. 그들의 투자 움직임을 주시하고, 정반대로 행동하면 됩니다. 그들이 큰맘 먹고 투자하면? 그날은 숏 포지션을 잡을 최적의 타이밍일 수 있습니다. 특히 다음과 같은 현상이 나타나면 빨간불이

켜진 것입니다.

- 평소 투자와 거리가 먼 사람이 코인으로 큰돈을 벌어 뉴스에 등장할 때. "20대 대학생, 코인으로 집 샀다" 같은 기사가 나오면 위험신호입니다.
- 20대 초반 학생들 사이에서 코인 투자가 화제가 될 때. 카페나 SNS에서 코인 이 야기가 급증하는 시점이죠.
- 평생 투자와 담 쌓았던 어르신들 모임에서도 코인 얘기가 들릴 때, 이쯤 되면 정점이 임박했다고 봐도 좋습니다.

보통 2단계(상승장 후 횡보 단계)나 4단계(하락 단계)에서는 코인에 대한 관심도가 현저히 떨어집니다. 하지만 가격이 급등하면 상황이 달라지죠. 택시 기사님부터 이발소 아저씨까지, 온 동네가 코인 얘기로 떠들썩해집니다. 이때가 바로 '휴먼 인디케이터'가 가장 정확한 매도 시그널을 보내는 순간입니다.

시장의 역설이란 이런 것일지도 모릅니다. 가장 많은 사람들이 희망에 부풀어 있을 때가, 실은 가장 위험한 순간일 수 있다는 것 말이죠.

단기 지표 2. 펀딩피

펀딩피란 무엇인가? 쉽게 설명하면, 비트코인 선물거래에서 롱(매수) 포지션과 숏(매도) 포지션 간의 '균형 맞추기 비용'이라고 생각하시면 됩니다. 예를 들어볼까요?

많은 사람들이 "비트코인 가즈아!"를 외치며 롱 포지션을 잡으면 롱 포지션 쪽에서 숏 포지션 쪽으로 일정 금액을 지불합니다. 반대로 공포 장에서 모두가 숏을 잡으면, 숏 포지션이 롱에게 돈을 줍니다. 왜 이런 제도가 있냐고요? 마치 시소처럼 양쪽의 균형을 맞추기 위해서입니다. 한쪽으로 너무 쏠리면 반대쪽에 돈을 주게 만들어서, 과도한 쏠림을 막는 거죠.

■ 2021~2024년 비트코인 펀딩피

출처: CryptoQuant

보다시피 펀딩피가 너무 높으면 투자자들이 롱 포지션에 쏠려 있어서 보통 곧 조정이 왔고, 반대로 펀딩피가 너무 낮으면 투자자들이 숏 포지션에 쏠려 있어서 조만간 반등이 왔습니다. 펀딩피는 크립토퀀트www.cryptoquant 등 여러 사이트에서 확인 가능합니다. 대체로 0.1%가 넘어가면 과열, 0.2%가 넘어가면 매우 과열이 크다고 분석할 수 있습니다.

기억하세요. 시장이 과열되면 항상 냉각기가 필요합니다. 펀딩피는 그 과열을 측정하는 아주 유용한 도구입니다. 마치 코로나19 시대의 체온계처럼요. 38도가 넘으면 조심해야 하는 것처럼, 펀딩피도 일정 수준을 넘으면 경계해야 합니다!

단기 지표 3. 김치 프리미엄

'김치 프리미엄'이라… 정말 재미있는 용어죠? 세계 어디에도 없는 우리나라만의 독특한 현상입니다. 마치 김치처럼 우리나라에서만 맛볼 수 있는 특별한 '프리미엄'이라고나 할까요? 김치 프리미엄에 대해 간단히 설명하자면, 해외 거래소 비트코인 가격 6,000만 원인데 국내 거래소 비트코인 가격이 6,300만 원이라면 5%의 김치 프리미엄이 있다고 합니다. 마치 면세점에서 외제 가방을 사는 것보다 국내 백화점에서 사는 게 더 비싼 것과 비슷하달까요? 그렇다면 왜 김치 프리미엄이 생길까요?

1. 국내 투자자들의 과열된 매수세
2. 원화-달러 환전의 까다로움
3. 국내 거래소의 제한된 공급

이게 마치 섬나라 효과처럼 작용해서, 국내시장에서만 가격이 더 높아지는 거죠. 김치 프리미엄은 우리나라 투자자들의 열기를 보여주는 최고의 지표입니다. 마치 고열이 질병의 신호인 것처럼, 과도한 김치 프리미엄은 시장과열의 신호라고 보면 됩니다. 김치 프리미엄이 10%

를 넘어서면 시장과열이 상당한 수준이고, 15% 이상이면 매우 위험한 수준에 도달했다고 해석할 수 있습니다.

단기 지표 4. 단기 투자자 비중 상승

크립토퀀트CryptoQuant라는 데이터 분석 플랫폼에는 매우 흥미로운 지표가 하나 있습니다. '실현 시가총액-UTXO 생존기간별 분포'라는 이 지표는, 마치 비트코인 세계의 인구조사처럼 투자자들의 코인 보유기간을 보여줍니다.

이 지표를 통해 우리는 마치 생태계의 건강상태를 진단하듯, 시장의 체질을 파악할 수 있습니다. 특히 주목해야 할 것은 '단기 투자자' 즉, 코인을 한 달 도 채 보유하지 않은 투자자들의 비중입니다.

이들의 존재는 마치 숲속의 메뚜기 떼와 같습니다. 갑자기 많이 나타났다가, 먹을 것이 없어지면 순식간에 사라지죠. 단기 투자자들도 마찬가지입니다. 시장이 과열되면 대거 유입되었다가, 상황이 좋지 않으면 순식간에 증발해 버립니다.

실전분석에서 주목해야 할 핵심수치가 있습니다. 단기 투자자의 비중이 전체의 25%를 넘어서면, 이는 마치 과열된 엔진의 경고등과 같습니다. 너무 많은 '단타세력'이 시장에 몰려들었다는 신호이자, 곧 큰 조정이 올 수 있다는 경고음인 셈이죠.

반대로 단기 투자자들이 시장을 떠나고 그 비중이 현저히 낮아지면, 이는 대중의 관심이 식었다는 뜻입니다. 마치 한겨울 곰이 동면에 들어가듯, 시장이 잠시 휴식기에 접어들었다는 신호입니다.

■ 2021~2024년 비트코인 '실현 시가총액 − UTXO 생존기간별' 분포

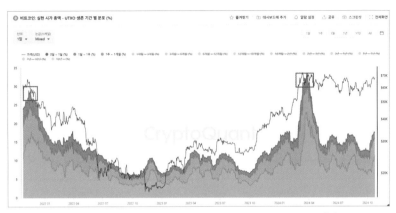

출처: CryptoQuant

흥미로운 점은 이런 현상이 앞서 설명한 휴먼 인디케이터와도 맥을 같이 한다는 것입니다. 택시 기사님부터 이웃집 아주머니까지 모두가 비트코인 이야기를 할 때, 바로 이 단기 투자자 비중이 치솟는 경우가 많습니다.

이 지표는 마치 군중심리의 체온계와 같습니다. 열이 너무 오르면 감기에 걸리듯, 단기 투자자 비중이 과도하게 높아지면 시장은 조정이라는 '해열제'를 필요로 하게 됩니다. 현명한 투자자라면, 이런 신호를 놓치지 말아야 합니다.

단기 지표 5. 비트코인 현물 ETF 순유입량

2024년 1월, 암호화폐 시장에 역사적인 사건이 일어났습니다. 미국 증권거래위원회SEC가 마침내 비트코인 현물 ETF를 승인한 것입니다.

이는 마치 비트코인이라는 반항아가 월스트리트의 정식 구성원으로 인정받은 것과 같은 순간이었죠. 승인 이후 10월까지의 기록은 놀랍습니다. 무려 214억 달러라는 거대한 자금이 비트코인 현물 ETF로 흘러들어갔습니다. 한국 돈으로 약 28조 원에 달하는 규모입니다. 이는 단순한 숫자가 아닙니다. 기관 투자자들이 드디어 비트코인을 진지한 투자자산으로 받아들이기 시작했다는 신호입니다.

실전투자에서 주목해야 할 숫자가 있습니다. 바로 '**하루 2억 달러**'입니다.

ETF로 하루 2억 달러 이상이 들어온다면? 이는 마치 거대한 항공모함이 방향을 트는 것처럼, 며칠 내로 비트코인 가격이 상승세로 돌아서는 경우가 많습니다. 반대로 2억 달러 이상이 빠져나간다면? 곧 하락장이 시작될 수 있다는 경고로 봐야 합니다.

왜 이런 현상이 발생할까요? 답은 간단합니다. 주식이든 코인이든, 가격은 결국 기관이 움직이기 때문입니다. 개인 투자자들의 거래량으로는 한계가 있습니다. 진정한 추세전환은 기관들의 대규모 자금이동에서 시작됩니다.

실제로 이런 기관들의 움직임을 추적하는 것은 어렵지 않습니다. 저는 주로 'Farside Investors 사이트 farside.co.uk/btc/'의 'BTC ETFs 섹션'을 모니터링합니다. 이곳에서 실시간으로 자금흐름을 확인할 수 있죠. 이 지표의 특별한 점은 신뢰성입니다. 개인 투자자들의 심리나 시장의 소문과 달리, ETF 자금흐름은 실제 돈의 움직임을 보여주기 때문입니다.

이제 비트코인 시장은 새로운 시대로 접어들었습니다. 더 이상 소수의 열광적인 지지자들만의 놀이터가 아닌, 월스트리트의 큰손들이 진지하게 참여하는 시장이 된 것입니다. 이런 변화 속에서 ETF 자금흐름을 주시하는 것은, 마치 큰손들의 움직임을 미리 읽는 것과 같은 효과를 가져다 줄 수 있습니다.

지금까지 우리는 중장기 지표와 단기 지표를 합하여 총 여덟 가지

■ **Farside Investors의 비트코인 현물 ETF 순유입량 차트**

	Blackrock	Fidelity	Bitwise	Ark	Invesco	Franklin	Valkyrie	Vaneck	Wtree	Greyscale	Greyscale	Total
	IBIT	FBTC	BITB	ARKB	BTCO	EZBC	BRRR	HODL	BTCW	GBTC	BTC	
Fee	0.25%	0.25%	0.20%	0.21%	0.25%	0.19%	0.25%	0.20%	0.25%	1.50%	0.15%	
14 Oct 2024	79.5	239.3	100.2	69.8	4.9	5.7	2.8	11.2	0.0	37.8	4.7	555.9
15 Oct 2024	288.8	35.0	0.7	14.7	0.0	0.0	0.0	7.6	2.8	8.0	13.4	371.0
16 Oct 2024	393.4	14.8	12.9	11.5	6.4	11.8	1.9	5.8	0.0	0.0	0.0	458.5
17 Oct 2024	309.0	11.7	0.0	100.2	0.0	3.9	0.0	0.0	0.0	45.7	0.0	470.5
18 Oct 2024	70.4	18.0	36.0	109.9	16.1	0.0	0.0	23.3	0.0	0.0	0.0	273.7
21 Oct 2024	329.0	5.9	(22.1)	(6.1)	0.0	0.0	0.0	(7.6)	0.0	(4.8)	0.0	294.3
22 Oct 2024	43.0	8.8	0.0	(134.7)	0.0	0.0	0.0	3.8	0.0	0.0	0.0	(79.1)
23 Oct 2024	317.5	0.0	(25.2)	(99.0)	0.0	0.0	0.0	(5.6)	0.0	0.0	4.7	192.4
24 Oct 2024	165.5	0.0	29.6	0.0	0.0	0.0	0.0	0.0	0.0	(7.1)	0.0	188.0
25 Oct 2024	292.0	56.9	2.5	33.4	0.0	0.0	0.0	11.3	0.0	0.0	5.9	402.0
28 Oct 2024	315.2	44.1	38.7	59.8	0.0	0.0	0.0	0.0	0.0	0.0	21.6	479.4
29 Oct 2024	642.9	133.9	52.5	12.4	0.0	0.0	0.0	16.5	0.0	(17.3)	29.2	870.1
30 Oct 2024	872.0	12.6	(23.9)	7.2	7.2	0.0	6.1	4.1	0.0	0.0	8.0	893.3
Total	25,817	10,566	2,347	2,735	418	442	546	730	217	(20,079)	510	24,249
Average	127.2	52.1	11.6	13.5	2.1	2.2	2.7	3.6	1.1	(98.9)	2.5	119.5
Maximum	872.0	473.4	237.9	203.1	63.4	60.9	43.4	118.8	118.5	63.0	191.1	1,045.0
Minimum	(36.9)	(191.1)	(70.3)	(134.7)	(37.5)	(23.0)	(20.2)	(38.4)	(6.2)	(642.5)	(8.8)	(563.7)

출처: Farside Investors

매도 시그널을 살펴봤지만, 실전에서 활용할 수 있는 두 가지 실용적인 전략을 더 공유하고자 합니다.

시간분할 매도

알트코인 3단계는 언제 끝날까요?

비트코인의 흐름은 마치 자연의 계절과도 같습니다. 반감기라는 봄이 오면, 그로부터 12~18개월 동안 여름이 이어지다가, 결국 겨울이 찾아오는 식이죠. 이런 패턴을 활용한 전략이 바로 '시간분할 매도'입니다.

구체적으로는 이렇게 접근할 수 있습니다. 2024년 4월 반감기 이후 12개월, 즉 2025년 4월부터 6개월에 걸쳐 보유자산을 7등분해 순차적으로 매도하는 것입니다. 마치 농부가 수확기에 맞춰 곡식을 거두어들이듯이 말이죠. 이렇게 하면 최고점을 잡지는 못하겠지만, '평균 이상'의 수확은 보장받을 수 있습니다.

목표 도달 시 매도

저는 《비트코인 폭발적 상승에 올라타라》에서 이번 상승장에서 비트코인은 15만 달러(약 2억 원) 수준까지 도달할 가능성이 있다고 했습니다. 그리고 여기에 시장의 광기나 예상치 못한 호재가 더해진다면, 더 높이 치솟을 수도 있겠다고 했는데 트럼프 당선이 그런 호재가 아닌가 싶습니다.

과거 데이터를 보면 재미있는 패턴이 보입니다. 2차 반감기 때는 알

코인	2차 반감기 후 3단계	3차 반감기 후 3단계
비트코인	2,132%	466%
상위 20대 알트코인	8,841%	1,751%
배수	4.1	3.7

트코인이 비트코인보다 4.1배 더 올랐고, 3차 반감기 때는 3.7배 더 상승했습니다. 이런 역사적 패턴을 현재에 적용해 보면, **비트코인이 현재 가격에서 2~3배 상승한다면 알트코인은 최소 5~10배, 운이 좋으면 그 이상 상승할 여지가 있다는 계산이 나옵니다.**

이 안에서 당신의 '목표수익'을 정하고, 이 수익을 달성하면 뒤도 안돌아보고 파는 방법도 있습니다. 여기서 중요한 조언을 하나 하자면, 목표 수익률을 너무 낮게 잡지 마세요. 지금이 어떤 시기입니까? 4년마다 한 번 오는 알트코인의 황금기입니다. 이런 시기에 '겨우 50%' 수익을 목표로 잡는 것은 마치 추수철에 이삭 줍기만 하고 돌아가는 것과 다름없습니다.

코인 매도, 그래서 어쩌라는 것인가?

지금까지 우리는 매도의 황금 법칙을 하나 배웠습니다. 비트코인이 상승을 멈췄는데 알트코인은 미친 듯이 오를 때가 매도 타이밍! 이 시기를 포착하기 위해 우리는 총 열 가지 실전전략을 살펴보았습니다.

열 가지 매도 시그널 총정리

1. 비트코인의 MVRV 지표가 3.7 상향돌파 → 비트코인 고평가, 과열신호

2. 비트코인의 푸엘 지표가 3.5 상향돌파 → 비트코인 고평가, 과열신호

3. 비트코인 가격이 120일 이동평균선 하향돌파 시 매도

4. 당신 지인 중 투자를 제일 못하는 '휴먼 인디케이터' 매수 → 반대로 행동

5. 펀딩피가 0.1%(또는 0.2%) 이상 → 투기과열

6. 김치 프리미엄이 10% 또는 15% 이상 → 국내시장 과열

7. 단기 투자자 비중 25% 이상 → 투기세력 급증

8. 비트코인 현물 ETF 일일 유출 2억 달러 이상 → 기관이탈

9. 2025년 4~10월까지 시간 분할 → 계획적 매도

10. 목표 수익률 도달 → 개인별 전략

여기서 중요한 점! 이 중 '최고의 전략'은 없습니다. 마치 등산로가 여러 개인 것처럼, 정상에서 내려오는 길도 다양할 수 있습니다. 우리의 목표는 '무릎에서 사서 어깨에서 파는 것'입니다. 완벽한 '정상 매도'는 불가능하더라도, 적어도 어깨선에서는 팔 수 있어야 하지 않을까요?

핵심은 '2개 이상의 전략 조합'입니다. 왜일까요? 한 가지 전략만 쓰면 운이 없을 때 낭패를 볼 수 있기 때문입니다. 예를 들어볼까요? 휴먼 인디케이터 전략만 맹신했다고 가정해 봅시다. 평소 투자실패의 대가인 친구가 이번에는 우연히 좋은 타이밍을 잡았다면? 당신은 그의 매수신호를 보고 전량 매도했는데, 그 후 코인이 2배, 3배로 치솟는다면? 이런 최악의 시나리오를 방지하기 위해 우리는 여러 전략을 결합해야

합니다. 몇 가지 예시를 보여드리겠습니다.

예시 1. 시간분할 매도+120일 이동평균선 매도

2025년 4월 말부터 10월 말까지 7회에 걸쳐서 파는 것을 원칙으로 하되, 이 구간에서 비트코인 가격이 120일 이동평균선보다 낮아지면 그날 모든 알트코인을 정리합니다.

예시 2. MVRV 매도+120일 이동평균선 매도

비트코인의 MVRV 지표가 3.7을 돌파하면 절반, 비트코인 가격이 120일 이동평균선을 하향 돌파하면 나머지 절반을 매도합니다.

예시 3. 휴먼 인디케이터+목표 도달 시 매도+푸엘 매도

당신의 바보 친구가 크게 매수한 날 절반, 푸엘 지표가 3.5를 상향하는 날 나머지 절반을 매도하는 것을 원칙으로 하되, 당신의 목표 수익률에 도달하면 알트코인을 모두 정리하는 전략입니다.

이런 식으로 2개 이상의 매도 전략을 섞어서 분할매도를 하면 어깨 아래에서 매도할 확률을 크게 줄일 수 있습니다. 무엇보다 실전에서 가장 중요한 것은 **계획한 대로 실행하는 것**입니다. 시장이 과열되면 많은 투자자들이 "이번에는 다르다"라고 생각하며 계획을 무시하곤 합니다. 하지만 시장의 역사는 우리에게 교훈을 줍니다. 모든 과열장은 결국 식었고, 모든 상승장은 끝이 있었다는 것을요.

당신의 전략이 완벽하지 않더라도 괜찮습니다. **실행하는 불완전한**

전략이 실행하지 않는 완벽한 전략보다 훨씬 낫습니다. 중요한 것은 자신만의 명확한 기준을 세우고, 그것을 흔들림 없이 실천하는 것입니다.

10

중장기 전략 최종 정리

지금까지 PART2에서 우리가 배운 중장기 투자전략을 정리해 보겠습니다. 많은 분들이 오해하시는 것과 달리, 이는 단순히 '오래 들고 있는' 전략이 아닙니다. 오히려 시장의 사이클을 정확히 이해하고 그 흐름에 올라타는 전략입니다.

우리는 언제 사고, 무엇을 사고, 얼마를 베팅하고, 언제 팔아야 하는지에 대해 배웠죠. 단기 전략, 초단기 전략을 보기 전에 중장기 투자의 핵심을 한번 요약해 볼까요?

하나, '중장기'의 진정한 의미 많은 분들이 오해하시는데, 중장기 전략은 알트코인을 수년간 보유하는 게 아닙니다. 오히려 시장 사이클의 특정 구간을 공략하는 전략입니다.

둘, 코인 시장은 약 4년에 걸쳐서 명확한 4단계를 거칩니다.

- 1단계(상승장 초반): 비트코인이 주도하며 상승
- 2단계(조정기): 반감기 전후로 찾아오는 횡보/하락장
- 3단계(상승장 후반): 비트코인과 알트코인 모두 상승하나, 알트코인의 수익률이 압도적
- 4단계(대하락장): 비트코인 70%, 알트코인 90% 이상 폭락하는 공포의 시기

셋, 코인 투자의 황금기 핵심은 3단계에만 집중하는 것입니다. 이 시기에 매수하고, 3단계 말이나 4단계 초기에 매도해야 합니다. 다른 시기의 투자는 위험이 매우 큽니다.

넷, 매수 타이밍입니다. 과거 사례를 보면 알트코인 강세장은 반감

기 7개월 후쯤 시작했는데, 이번에도 아니나 다를까 아래 호재로 인해 2024년 11월 알트코인 강세장(3단계)이 시작됐습니다.

- 트럼프 당선 및 대선 완료로 인한 불확실성 해소
- 글로벌 통화량 증가 예상
- 달러 가치 하락 전망
- 계절성이 맞물림(10–4 천국, 5–9 지옥)

다섯, 무엇을 사는가? 그냥 간단하게 시가총액 상위 코인을 사는 '인덱스 투자법'이 있습니다. 그보다 수익을 더 내고 싶으면 가격과 시가총액이 낮은 알트코인을 매수하는 것을 추천합니다.

여섯, 얼마를 사는가? 투자금액 설정의 철칙을 지키세요. 다음 세 가지 중 가장 작은 금액을 최대치로 삼으세요!

- 당신이 잃어도 된다고 생각하는 금액을 3으로 나눈 금액
- 당신 자산의 3분의 1
- 당신의 6개월치 수입

일곱, 매도 타이밍입니다. 4단계 진입을 피하는 것이 핵심입니다. 완벽한 고점 매도는 불가능하지만, 무릎에서 사서 어깨에서 파는 것은 가능합니다.

열 가지 매도 시그널 총정리

1. 비트코인의 MVRV 지표가 3.7 상향돌파 → 비트코인 고평가, 과열신호

2. 비트코인의 푸엘 지표가 3.5 상향돌파 → 비트코인 고평가, 과열신호

3. 비트코인 가격이 120일 이동평균선 하향돌파 시 매도

4. 당신 지인 중 투자를 제일 못하는 '휴먼 인디케이터' 매수 → 반대로 행동

5. 펀딩피가 0.1%(또는 0.2%) 이상 → 투기과열

6. 김치 프리미엄이 10% 또는 15% 이상 → 국내시장 과열

7. 단기 투자자 비중 25% 이상 → 투기세력 급증

8. 비트코인 현물 ETF 일일 유출 2억 달러 이상 → 기관 이탈

9. 2025년 4~10월까 시간 분할 → 계획적 매도

10. 목표 수익률 도달 → 개인별 전략

복수 전략 활용이 중요합니다. 위 시그널 중 최소 2개 이상을 조합해 분할매도하는 것이 바람직합니다. 이는 어깨 위에서 매도할 확률을 높이는 검증된 방법입니다.

여덟, 완벽한 매매는 없습니다. 우리의 목표는 무릎에서 사서 어깨에서 파는 것. 이번 상승장에서 5~10배 수익을 목표로 하되, 과욕은 금물입니다. 다음 기회는 2028년에 또 찾아올 테니까요.

ALT-COIN

토럼프와 함께하는 **알트코인 대폭등**

PART

3

알트코인
단기 트레이딩
전략

11

추세추종 전략 (Feat. 비트코인 롱숏 전략)

중장기 전략의 매력은 단순함에 있습니다. 2024년 11월 즈음에 알트코인을 매수하고 나면, 6개월에서 1년 정도는 그저 기다리면 됩니다. 마치 씨앗을 심어두고 열매가 맺히기를 기다리는 정원사처럼 말이죠. 어떤 투자자들에게는 이런 '한가로운' 투자방식이 마음의 평화를 가져다줍니다.

저는 이렇게 한가로운, 여유로운 투자법을 좋아하는데, 모든 사람이 이런 접근법을 선호하지는 않습니다. 특히 암호화폐 시장의 역동적인 매력에 푹 빠진 코인 투자자들에게는 6개월은커녕, 6시간 동안 거래를 하지 않는 것만으로도 가슴이 답답할 수 있죠. 마치 카페인 중독자가 커피를 못 마시는 것처럼 말입니다.

이번 PART3에서는 이런 액티브한 투자자들을 위해 제가 이전 저서 《비트코인 폭발적 상승에 올라타라》에서 소개했던 '듀얼모멘텀 전략'과 '신규 코인 전략'을 소개합니다. 보너스로 '비트코인 롱숏 전략'도 하나 공개합니다. 이 전략은 더 빈번한 거래기회를 제공할 뿐만 아니라, 과거 데이터를 보면 알트코인을 단순히 보유하는 중장기 전략보다도 더 높은 수익률을 기록했습니다. 일단 코인 투자의 가장 중요한 개념인 '추세추종'에 대해 자세히 알아보겠습니다.

추세추종, 시장의 물결을 타다

추세추종은 단순히 투자전략을 넘어 인생의 진리와도 맞닿아 있습니다. "성공은 성공을 낳고, 실패는 실패를 부른다"라는 말처럼, 금융시장에서도 상승하는 자산은 계속 상승하고, 하락하는 자산은 계속 하락하는 경향이 있습니다. 이를 증명하는 사례들을 살펴볼까요?

이더리움을 보면, 2020년 3월 코로나19 팬데믹의 혼돈 속에서 86달러였던 가격이 2021년 11월에는 4,868달러까지 치솟았습니다. 무려 70배의 수익률이죠! 솔라나는 더욱 흥미로운 사례를 보여줍니다. 마치 피닉스처럼 두 번이나 놀라운 상승을 기록했는데요. 첫 번째는 2020년 12월 1.03달러에서 2021년 11월 259.9달러까지 250배 가까이 상승했고, 두 번째는 2023년 9월 17.3달러에서 2024년 3월 210.18달러까지 12배 이상 올랐습니다.

도지코인의 사례도 극적입니다. 2020년 12월 0.00299달러에서 시작해 2021년 5월에는 0.73995달러까지 올랐는데요. 247배라는 천문학적인 수익률을 기록했습니다!

■ **이더리움 차트**

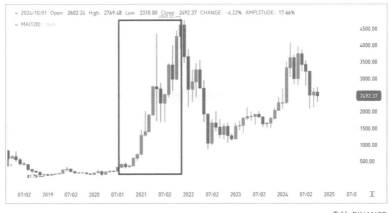

출처: BINANCE

■ 솔라나 차트

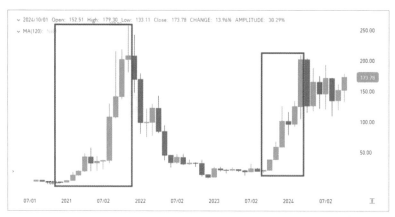

출처: BINANCE

■ 도지코인 차트

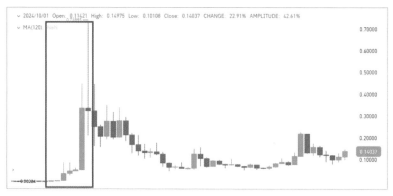

출처: BINANCE

이런 추세추종 전략의 실행 원칙은 명확합니다. **상승추세일 때는 매수 포지션, 하락추세일 때는 공매도나 현금보유를 유지하는** 것이죠. 문제는 '추세'를 어떻게 정의하느냐입니다. 여러 가지 방법이 있지만,

제가 오랜 경험을 통해 가장 신뢰하는 방법은 비트코인의 120일 이동 평균선을 활용하는 것입니다.

비트코인 가격이 120일 이동평균선보다 높으면 상승추세!

비트코인 가격이 120일 이동평균선보다 낮으면 하락추세!

비트코인 추세추종 롱숏 전략

알트코인에 대해 이야기하는 이 책에서 특별히 비트코인 매매 비법 하나를 공유하고자 합니다. 놀라울 정도로 단순하지만, 그만큼 강력한 전략입니다. 원리는 이렇습니다.

비트코인 추세추종 롱숏 전략

1. 비트코인이 120일 이동평균선 위에 있을 때? 매수한다.

2. 반대로 120일 이동평균선 아래로 떨어질 때? 이때는 숏**Short** 포지션을 잡는다.

"숏이요? 우리나라 거래소에서는 못 하는데요?"라는 의문이 있으실 겁니다. 맞습니다. 업비트나 빗썸**Bithumb** 같은 국내 거래소에서는 숏 포지션을 잡을 수 없습니다. 하지만 바이낸스, 바이비트**BYBIT**, OKX와 같은 해외 거래소에서는 이런 숏 거래가 가능합니다. 비트코인 가격이 떨어질 것 같을 때 수익을 낼 수 있는 기회가 열려있는 거죠. 이 전략의 위력이 궁금하시나요?

■ 비트코인 롱숏 전략 vs. 비트코인 매수+보유 전략 수익률(2020.1.~2024.10.)

실제 데이터를 보면 입이 떡 벌어집니다. 2020년 1월 1일부터 지금까지, 비트코인 가격은 약 8배 상승했습니다(연복리 수익률 56%). 꽤 괜찮은 수익률이죠? 하지만 우리의 120일 이동평균선 롱숏 전략은··· 놀랍게도 116배(연복리 수익률 183%)나 상승했습니다!

특별히 강조하고 싶은 점은, 이런 놀라운 수익률을 레버리지 없이 달성했다는 것입니다. 순수하게 시장의 방향성만을 활용한 결과입니다. 마치 파도타기를 하듯이, 시장이 오를 때는 함께 올라가고 내릴 때는 반대로 타면서 수익을 극대화한 것이죠. 이렇게 '매수+보유 전략'과 '추세추종 전략'이 큰 차이가 발생하는 이유는 무엇일까요?

2020년부터 2021년 초중반까지 이어진 대세 상승장에는 두 전략 모두 훌륭한 성과를 보여줬습니다. 마치 밀물에 모든 배가 함께 떠오르듯, 상승장에서는 추세추종 전략이나 단순 비트코인 매수+보유 전략이나 큰 차이 없이 좋은 수익을 냈죠.

하지만 2021년 중후반, 시장의 분위기가 바뀌기 시작하면서 두 전략의 성과는 극적인 차이를 보이기 시작했습니다. 추세추종 전략의 진가는 바로 이런 순간에 빛을 발했습니다. 비트코인 가격이 120일 이동평균선 아래로 떨어지자, 이 전략을 따르는 투자자들은 재빨리 롱 포지션을 숏 포지션으로 전환했습니다. 마치 돛의 방향을 바꿔 역풍을 순풍으로 만드는 것처럼 말이죠.

그 결과는 어떻게 됐을까요? 2021년 중후반부터 2022년 말까지 이어진 긴 하락장에서도 추세추종 전략은 꾸준히 수익을 창출했습니다. 반면 'HODL**Hold On for Dear Life**(죽을 때까지 존버)'을 외치며 비트코인을 꾹 쥐고 있던 투자자들은 큰 폭의 손실을 겪어야 했습니다.

제가 이 전략을 매우 신뢰하는 이유가 바로 이것입니다. 단순하면서도 강력한, 그리고 무엇보다 실제 시장에서 검증된 전략이기 때문입니다. 특히 하락장에서도 수익을 낼 수 있다는 점은 투자자들에게 큰 매력으로 다가올 것입니다.

120일 이동평균선의 진정한 위력은 이처럼 양방향 트레이딩에서 더욱 빛을 발합니다. 상승장에서만 수익을 내는 것이 아니라, 하락장에서도 수익기회를 포착할 수 있다는 것. 이것이 바로 제가 오랜 시간 실전 투자를 통해 발견한 이 지표의 진정한 가치입니다.

한 가지 주의할 점은 해외 거래소 이용에 대한 부분입니다. 숏 포지션을 활용하기 위해서는 반드시 신뢰할 만한 해외 거래소를 선택해야 하며, 관련 규정과 리스크도 충분히 이해하고 있어야 합니다. 하지만 이러한 준비만 갖춘다면, 120일 이동평균선을 활용한 롱숏 전략은 여러분의 투자수익을 한 단계 끌어올릴 수 있는 강력한 도구가 될 것입니다. 결론적으로, 우리가 찾은 전략은 놀라울 정도로 단순합니다.

비트코인 가격이 120일 이동평균선보다 높으면 상승추세 – 롱 포지션
비트코인 가격이 120일 이동평균선보다 낮으면 하락추세 – 숏 포지션(또는 현금 보유)

이렇게 단순한 전략으로 상당한 수익을 거둘 수 있었다는 사실이 놀랍지 않으신가요? 마치 등대가 배의 방향을 안내하듯, 120일 이동평균선은 시장의 방향을 우리에게 알려주는 신뢰할 만한 나침반 역할을 해왔습니다.

하지만 여기서 한 가지 의문이 듭니다. "120일이 정말 마법의 숫자일까?" 그건 아닙니다!

최근 르**Le**와 루스바**Ruthbah**가 발표한 흥미로운 연구 "Trend-Following Strategies for Crypto Investors(2023)"를 보면, 다른 기간의 이동평균선도 훌륭한 성과를 보여줬다는 것을 알 수 있습니다. 그들은 비트코인, 이더리움, 주요 알트코인들을 대상으로 다양한 이동평균선(20, 65, 150, 200일)을 테스트했는데요. 그들의 결과를 보면 놀랍게도 모든 이동평균선(20, 65, 150, 200일)이 상승, 하락 추세를 구분하는 역할을 충분히 했습니다. 비트코인의 경우에는 65일, 이더리움과 메이저 알트코인에서는 20일 이동평균선이 가장 성과가 좋았습니다.

이는 마치 등산로를 오르는 여러 개의 길처럼, 정상에 오르는 방법

이 하나만 있는 것은 아니라는 걸 보여줍니다. 120일이든, 65일이든, 20일이든 일관성 있게 하나의 지표를 따르는 것이 중요한 것이죠.

이는 투자에서 흔히 하는 실수, 즉 '완벽한 지표 찾기'에 집착하는 것보다, 합리적인 지표 하나를 선택해 꾸준히 따르는 것이 더 중요하다는 교훈을 주고 있습니다. 마치 운동을 할 때 '완벽한 운동법'을 찾는 것보다 꾸준히 하는 것이 더 중요한 것처럼 말이죠.

비트코인이 상승추세일 때만 알트코인을 매수하자

앞서 우리는 비트코인의 120일 이동평균선을 활용한 추세추종 전략의 놀라운 성과를 살펴봤습니다. 이제 한 걸음 더 나아가, 이 전략을 알트코인 투자에 어떻게 적용할 수 있는지 알아보겠습니다.

결론은 '알트코인도 비트코인 상승추세일 때에만 매수하자'입니다. 왜 그럴까요?

앞서 언급했던 "비트코인은 주인, 알트코인은 강아지" 이야기 기억하시죠? 이 단순하면서도 강력한 비유는 암호화폐 시장의 본질을 정확하게 짚어냅니다. 마치 오케스트라에서 지휘자가 전체 연주의 방향을 이끄는 것처럼, 비트코인은 전체 암호화폐 시장의 방향을 결정합니다.

비트코인이 상승세라면 → 알트코인들도 덩달아 상승!

비트코인이 하락세라면 → 알트코인들은 더 큰 폭으로 하락!

마치 썰물과 밀물처럼, 알트코인은 비트코인의 흐름을 거스르지 못합니다. 이러한 특성 때문에, 각각의 알트코인마다 개별적으로 이동평균선을 분석할 필요가 없습니다. 비트코인이라는 '지휘자'의 움직임만 주시하면 되는 거죠. 이는 마치 주식시장에서 "시장과 싸우지 마라"라는 격언과도 일맥상통합니다.

알트코인 추세추종 전략

이제 우리는 모든 알트코인에 적용할 수 있는 명확한 규칙을 가지게 되었습니다.

비트코인 가격이 120일 이동평균선보다 높으면 상승추세 – 알트코인 보유
비트코인 가격이 120일 이동평균선보다 낮으면 하락추세 – 현금 보유

이 전략의 미덕은 바로 단순함에 있습니다. 수많은 알트코인의 차트를 들여다보며 고민할 필요 없이, 비트코인이라는 하나의 나침반만 주시하면 되는 것이죠. 마치 등대를 보고 항해하는 선박처럼, 비트코인의 120일 이동평균선이 우리의 안전한 항해를 도와줄 것입니다.

차트를 살펴보면 이더리움은 2015년 이후 2,094배라는 경이로운 수익률을 기록했습니다. 그런데 여기서 더 놀라운 사실이 있습니다. 만약 비트코인의 120일 이동평균선을 활용했다면? 무려 87,846배의 수익이 가능했다는 것입니다!

2020년에 등장한 '이더리움 킬러' 솔라나는 그 자체로도 183배라는 놀라운 성장을 보여줬습니다. 하지만 120일 이동평균선 전략을 적용했다면? 수익률이 폭발적으로 증가해 1,606배에 달했을 것입니다.

2016년 6월부터 475배 상승한 도지코인. 일론 머스크의 트윗 한 줄

에도 크게 움직이던 이 변덕스러운 코인도 120일 이동평균선 전략을 적용했다면? 믿기 힘들겠지만 3,110배라는 천문학적인 수익률을 기록할 수 있었습니다.

세계 최대 거래소의 자체 코인 BNB는 2017년 9월 이후 587배 성장했습니다. 그런데 우리의 120일 이동평균선 전략을 따랐다면? 1,133배의 수익률을 달성할 수 있었습니다. 마치 성공적인 사업을 더욱 성공적으로 만든 것과 같은 결과입니다.

이 모든 사례들이 보여주는 한 가지 명확한 진실이 있습니다. 비트코인의 120일 이동평균선은 단순한 선이 아닌, 마치 시장의 파도를 읽는 해도海圖와 같은 역할을 했다는 것입니다. 이 선 위에서 매수하고 아래에서는 현금을 보유하는 단순한 전략이, 이미 놀라웠던 수익률을 더

▪ 이더리움 추세추종 전략 vs. 매수+보유 전략 수익률

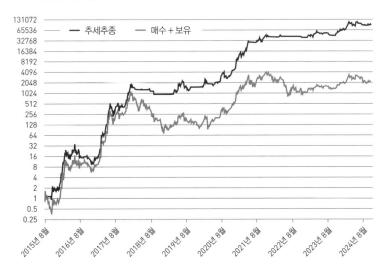

■ 솔라나 추세추종 전략 vs. 매수+보유 전략 수익률

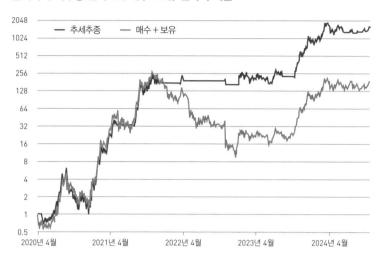

■ 도지코인 추세추종 전략 vs. 매수+보유 전략 수익률

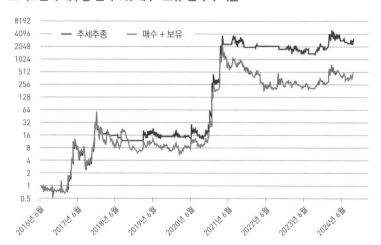

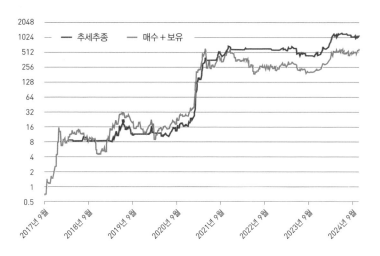

욱 폭발적으로 증폭시킬 수 있었던 것이죠.

이는 마치 서핑을 할 때 파도의 타이밍을 잘 맞추면 더 멀리, 더 빠르게 나아갈 수 있는 것과 같습니다. 120일 이동평균선은 우리에게 그 '완벽한 파도'를 알려주는 신호가 되어준 것입니다.

추세추종이 통하는 이유, 인간의 본성을 들여다보다

시장의 움직임 속에는 흥미로운 인간심리가 숨어 있습니다. 최근 행동금융학에서는 시장추세가 형성되는 과정을 '과소반응Underreaction'에서 시작해 '과잉반응Overreaction'으로 이어지는 흐름으로 설명하는데요, 실제 우리 일상의 예시를 통해 이해해 보겠습니다.

넷플릭스의 성공사례로 보는 과소반응

2007년 넷플릭스가 스트리밍 서비스를 시작했을 때를 떠올려 보세요. 많은 사람들이 "DVD 대여점이 망하긴 글렀다"고 생각했지만, 대부분은 변화의 속도와 크기를 과소평가했습니다. "인터넷으로 영화를 본다고? 음질도 안 좋을 텐데… 우리 동네 블록버스터는 절대 안 망해"라며 말이죠. 블록버스터는 옛날 미국에서 VHS 테이프, DVD 등을 대여해 주던 기업인데 넷플릭스 등장 이후 현재는 완전히 망해서 없어졌죠.

이처럼 시장 참여자들은 새로운 변화가 시작될 때 그 영향력을 과소평가하는 경향이 있습니다. 마치 스마트폰이 처음 나왔을 때 "키보드도 없는 휴대폰이 될 리가 없어"라고 생각했던 것처럼요. 이런 과소반응으로 인해 주가나 자산가격은 처음에는 천천히, 그러나 꾸준히 상승하게 됩니다.

테슬라 주가로 보는 과잉반응

반대로 상승 후반부에 접어들면 시장은 종종 과잉반응을 보입니다. 2021년 테슬라 주가의 폭발적 상승을 생각해 보세요. "전기차가 미래다!" "테슬라는 자동차 회사가 아닌 기술 회사다!"라는 이야기가 퍼지면서 주가는 하늘을 찔렀죠. 심지어 일론 머스크가 트위터에 글 하나만 올려도 주가가 요동쳤습니다. 참고로 저는 트럼프 정부에서 정부효율부 장관Department of Government Efficiency(줄여서 DOGE!), 즉 실세 중 실세가 된 일론 머스크가 이끄는 테슬라 주식을 매우 긍정적으로 보고 있습니다. 그러나 만약 2021년 말 테슬라 주식을 400달러에 샀다면 그 다음해 120달러까지 하락하는 주가를 보면서 고통의 나날을 보냈을 겁니다.

이런 과잉반응은 암호화폐 시장에서 더욱 극명하게 나타납니다. 2021년 도지코인의 폭발적 상승을 기억하시나요? 일론 머스크의 트윗 한 줄에 수백 퍼센트씩 움직였죠. "도지코인으로 테슬라를 살 수 있게 될지도 모른다"는 막연한 기대감만으로도 투자자들은 광풍에 휩싸였습니다.

왜 이런 현상이 반복될까?

이는 인간의 본성과 깊은 관련이 있습니다. 우리는 새로운 변화를 마주했을 때 처음에는 신중하고 보수적으로 반응합니다. "진짜 될까?" 하는 의구심을 갖죠. 하지만 일단 그 변화가 현실이 되기 시작하면, 이번에는 반대로 너무 낙관적이 되어버립니다. "이제 하늘은 끝이 없어!" 라고 말이죠.

이런 인간심리의 특성 때문에 자산가격은 천천히 시작해서 나중에는 폭발적으로 상승하는 경향이 있습니다. 반대로 하락할 때도 처음에는 "잠깐의 조정이겠지"라며 과소평가하다가, 나중에는 "이제 끝이다!" 라며 패닉에 빠지곤 하죠.

이것이 바로 추세추종 전략이 효과적인 이유입니다. 120일 이동평균선과 같은 기술적 지표는 이러한 인간의 비합리적 행동 패턴을 객관적으로 포착해 내고, 그것을 투자기회로 활용할 수 있게 해주는 것이죠.

따라서 우리는 새로운 트렌드를 너무 일찍 무시하지도, 또 너무 늦게 과열되지도 않도록 주의해야 합니다. 추세추종 전략은 이런 균형 잡힌 시각을 가질 수 있게 도와주는 나침반 역할을 하는 것입니다.

12

듀얼모멘텀
전략

듀얼모멘텀, 강자 중의 강자 찾기

자, 이제 우리는 중요한 발견을 했습니다. 비트코인 가격이 '120일 이동평균선'보다 높을 때가 알트코인 투자의 적기라는 것을요. 하지만 여기서 새로운 질문이 떠오릅니다.

"수많은 알트코인 중 어떤 코인을 선택해야 할까?"

정답! 가장 추세가 강한 놈을 골라라!

마치 스포츠에서 '절정의 컨디션'을 보이는 선수를 선발 명단에 넣는 것처럼, 코인 시장에서도 가장 강한 상승 모멘텀을 보이는 코인을 선택하는 것이 현명합니다. 그렇다면 추세가 강한 코인은 어떻게 찾을 수 있나? 이것도 놀랍도록 단순합니다. 최근에 가장 많이 오른 코인이 바로 '가장 강한 코인'입니다. 마치 경마에서 최근 성적이 가장 좋은 말을 선택하는 것과 비슷하죠.

그러면 또 '최근'은 얼마나 '최근'을 가리키는 걸까? 여러 학술연구들이 이 질문에 대한 답을 찾으려 노력했고, 흥미로운 결론에 도달했습니다.

"지난 1~4주 동안 가장 많이 오른 코인은 다음 7일간도 강세를 이어가는 경향이 있다."

이렇게 해서 우리는 성공적인 코인 투자를 위한 두 개의 황금규칙을 발견했습니다.

1. 상승추세가 있을 때만 투자(비트코인이 120일 이동평균선 위에 있을 때만 투자)
2. 상승추세일 경우에는 가장 강하게 상승하는 코인을 선택

이 두 가지 원칙을 결합한 것이 바로 '듀얼모멘텀 전략'입니다. 마치 좋은 날씨(시장 환경)에 가장 빠른 배(강한 코인)를 선택하는 것처럼, 두 가지 조건이 모두 충족될 때 최고의 성과를 기대할 수 있는 것이죠.

■ 듀얼모멘텀 전략

1. 투자대상 선정	• 알트코인 시가총액 상위 20위 • 비트코인과 USDT, USDC, DAI 등 스테이블코인은 제외
2. 매주 화요일 오후의 의사결정	• 비트코인이 120일 이동평균선 위라면 전략 실행, 아니라면 현금보유 • (전략 실행의 경우) 최근 일주일간 가장 수익이 높았던 코인 3종에 투자 • 선정된 3개 코인에 자금을 33.3%씩 배분 ※ 중요! 주간 수익률이 플러스인 코인에만 투자
3. 리밸런싱	• 일주일 후 2회 반복 실행

이제 2016년과 2020년으로 시간여행을 떠나보겠습니다. 우리의 듀얼모멘텀 전략을 과거 3단계 시점에 적용했다면 어떤 결과를 얻었을까요? 거래수수료는 0.2%로 가정했습니다.

2016년 초, 한 투자자가 이 전략을 시작했다고 상상해 봅시다. 매주 화요일마다 차트를 보며 최고 수익률을 기록한 코인들을 찾아내고, 비트코인의 120일 이동평균선을 체크했습니다. 1년 3개월이 지난 후, 그의 투자금은 놀랍게도 146배가 되어있었습니다!

특히 흥미로운 점은 시기였습니다. 2017년 2월, 반감기 이후 7개월이 지난 시점부터 수익이 폭발적으로 증가하기 시작했죠.

"하지만 잠깐, 더 쉬운 방법이 있었다고요?" 실제로 같은 기간 단순히 가격이 저렴한 코인들을 사서 들고만 있었다면 157배의 수익을 낼

■ **2016.10.9.~2018.1.7. 알트코인 듀얼모멘텀 전략 실행결과**

전략	수익률
(중장기) 10대 알트코인 매수 + 보유	9,910%
(중장기) 가격 저렴한 코인 보유	15,639%
(중장기) 시가총액 + 가격 낮은 코인 보유	10,314%
(단기) 알트코인 듀얼모멘텀	14,570%

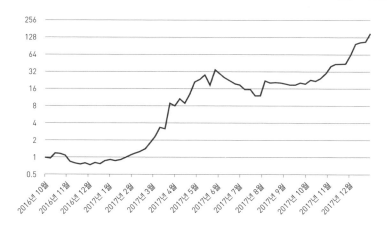

수 있었습니다. 시가총액 상위 10개 알트코인을 보유했다면 100배의 수익을 기록했겠죠. 우리의 전략은 그 중간 정도의 성과를 냈습니다.

2020년에도 비슷한 패턴이 나타났습니다. 8개월 만에 9배 이상의 수익을 기록했죠. 상위 10대 코인을 단순 보유했다면 7배 정도의 수익을 냈을 테니, 꽤 괜찮은 성과입니다. 하지만 여기서도 저가 코인 매수 전략이 더 높은 수익을 냈다는 점이 흥미롭네요. 흥미롭게도 이번에도 반감기 7개월 후인 2020년 11월부터 강력한 수익을 내는 모습을 볼 수 있습니다.

■ 2020.9.6.~2021.5.9. 알트코인 듀얼모멘텀 전략 실행결과

전략	수익률
(중장기) 10대 알트코인 매수 + 보유	698%
(중장기) 가격 저렴한 코인 보유	1,968%
(중장기) 시가총액 + 가격 낮은 코인 보유	1,980%
(단기) 알트코인 듀얼모멘텀	820%

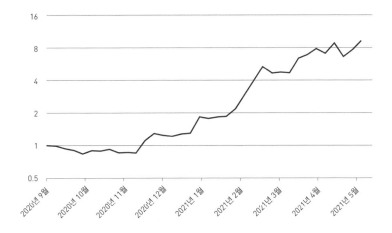

두 번의 실험에서 모두 반감기 후 7개월이 지난 시점에 수익이 폭발적으로 증가했다는 점은 정말 흥미롭습니다. 마치 시장이 우리에게 어떤 메시지를 전하는 것 같지 않나요?

정리하면 듀얼모멘텀 전략이 단순 매수 전략보다 항상 뛰어난 것은 아닙니다. 하지만 이 전략만의 특별한 매력이 있습니다. 매주 한 번씩 시장을 분석하고 결정을 내리는 재미, 그리고 시스템적으로 접근하는 전문가다운 느낌… 단순히 '사서 잊어버리기'에는 너무 심심한 분들에게 특히 추천드립니다!

거래수수료(0.2%)를 감안하더라도 꽤 괜찮은 수익을 냈다는 점도 주목할 만합니다. 물론 이는 과거의 결과일 뿐, 미래에도 같은 성과를 보장하지는 않습니다. 하지만 최소한 우리는 알 수 있습니다. 체계적인 접근방식으로도 충분히 의미 있는 수익을 낼 수 있다는 것을요. 제 전작《비트코인 폭발적 상승에 올라타라》출간 이후, 가장 많은 질문을 받은 것이 바로 이 듀얼모멘텀 전략입니다. 독자들의 생생한 질문들을 통해 더 깊이 파헤쳐 보겠습니다.

1. 듀얼모멘텀 전략을 꼭 화요일에 해야 하나?

그렇지는 않습니다. 본인의 스케줄에 맞춰 가장 편한 요일을 정하시면 됩니다. 다만 제가 화요일을 선호하는 데는 실용적인 이유가 있습니다. 최근 미국 ETF 시장의 패턴을 보면, 월요일 밤부터 화요일 새벽 사이에 기관들의 매도가 집중되는 경향이 있거든요. 화요일 오후라면 이 하락을 피할 수 있죠. 그렇기 때문에 화요일에 사고, 다음 주 월요일에 팔고, 다음날인 화요일에 다시 듀얼모멘텀 전략을 실행하는 방법도 유력해 보입니다.

2. 상위 코인 20개에서 3개 코인에 투자해야만 하는가?

"예를 들면 시가총액 상위 100개 코인 중 5개 투자하면 안 되나요?" 많은 분들이 시가총액 순위를 100위까지 확대하여 5개 정도의 코인을 선택하면 어떨지 문의하셨습니다. 하지만 백테스트 결과는 명확했습니다. 실패입니다. 왜일까요?

- 코인 수가 많다 보니 주간 수익률 50%, 100% 이상인 코인들이 많이 나옵니다.
- 문제는 이렇게 급등한 코인들이 다음 주까지 모멘텀을 이어가지 못한다는 것입니다.
- 특히 소형 코인들은 강한 상승추세를 몇 주간 유지하지 못하는 경우가 대부분이었습니다.

3. 3개 종목을 샀는데 매수 후 떨어지면 손절, 오르면 익절하는 전략은 어떤가?

3개 종목 매수 후 손절, 익절하는 전략도 백테스트해 봤지만 결과는 실망스러웠습니다. 오히려 전체 수익률을 감소시키는 효과가 있었습니다.

4. 듀얼모멘텀 전략을 한 달 동안 해봤는데 잘 안 되던데?

알트코인이 가장 강했던 3단계에서조차 이 전략의 주간 승률은 그리 높지 않았습니다. 2016~2017년 상승장에서는 55%, 2020~2021년 상승장에는 60%에 불과했습니다. 즉, 거의 두 번에 한 번은 실패를 경험하는 게 정상입니다! **이 전략의 핵심은 강한 추세에서 크게 벌고, 그렇지 않을 때는 덜 잃는 것입니다.** 하지만 2주에 한 번씩 실패를 맛보는 것이 심리적으로 너무 힘들어서 대부분의 투자자들이 중도에 포기하고 맙니다.

5. 보유기간은 일주일이 최고인가?

일반적으로 1~2주 보유가 가장 좋은 결과를 보여줍니다. 따라서 바쁜 분들은 2주에 한 번, 시간적 여유가 있는 분들은 매주 한 번 전략을 실행하면 됩니다.

6. 듀얼모멘텀 전략이 잘 통하는 코인이 있고, 덜 통하는 코인이 있는가?

이 질문에 답하기 위해 심층분석을 진행했습니다.

모든 코인은 언젠가 추세가 생깁니다. 우리는 '추세예측'이 아닌 '추세추종' 전략을 사용하기 때문에, 일주일 정도의 강한 추세가 나타나면 진입합니다. 관건은 이 추세가 얼마나 지속되느냐입니다. 최소 2~3주 정도 유지되어야 돈을 벌 수 있습니다. 우리는 첫 주에 추세가 형성된 후 진입하니까요! 그래서 '추세의 지속성' 기준으로 코인들의 등급을 매겨보았습니다.

2020~2024년과 2023~2024년 분석 결과, 강한 추세 지속력을 보인 코인들은 시바이누SHIBA, 압토스APT, 솔라나SOL, 아발란체AVAX였습니다. 약한 추세 지속력을 보인 코인들은 리플XRP, 파일코인FIL, 트론TRON, 라이트코인LTC이었습니다. 흥미로운 사례가 바이낸스코인BNB입니다. 전체 기간에서는 추세 지속력이 강했으나, 최근 2년간은 그 특성이 약화되었습니다.

그렇다면 실전 팁! **듀얼모멘텀으로 선정된 3개 코인 중 리플, 파일코인, 트론, 라이트코인이 포함되어 있다면, 해당 코인 대신 수익률 4위 코인을 선택하는 것이 좋습니다.**

■ 대형 알트코인 추세전략 등급

코인 티커	2020~2024년 등급	2023~2024년 등급	코인 탄생 연도
SHIBA	S	S	2020
BNB	S	D	2017
APT	S	S	2022
UNI	S	C	2020
SOL	S	A	2020
MATIC	S	F	2019
AVAX	A	S	2020
DOT	B	D	2020
ADA	B	B	2017
BTC	C	C	2010
LINK	C	S	2017
DOGE	C	C	2013
ETH	C	C	2015
XRP	D	D	2013
STX	D	C	2019
TON	D	S	2021
FIL	D	F	2017
LEO	D	B	2019
TRON	D	D	2017
BCH	F	S	2017
ICP	F	B	2021
NEAR	F	C	2020
LTC	F	D	2013

7. 이 전략은 잘 안 통하는 구간에는 20%, 30% 손실도 가능하기 때문에 리스크 관리가 잘 안 된다

맞습니다! 그래서 제가 책에서 그토록 강조했던 '6개월치 월급 이상은 절대 투자하지 말라'는 원칙이 중요한 것입니다. 원칙을 항상 생각하세요!

13

신규 코인
투자전략

여러분은 식당을 운영해 보신 적 있으신가요? 새로운 코인 출시는 마치 신규 식당 오픈과 비슷합니다. 하지만 약간 다른 점이 있죠. 대부분의 식당 주인은 진심으로 맛있는 음식을 만들어 장사하고 싶어 하지만, 코인 개발자들의 속마음은… 조금 다릅니다.

그들은 코인을 왜 만들까요? 답은 간단합니다. 돈, 돈, 그리고 돈입니다! 물론 그들은 화려한 미사여구를 늘어놓습니다. "블록체인으로 세상을 바꾸겠다", "탈중앙화의 미래를 구현하겠다"… 하지만 99.9%는 그저 '한탕'을 노리는 달콤한 포장일 뿐입니다. 마치 먹튀 식당이 오픈 초기에 화려한 인테리어와 이벤트로 손님을 끌어모으는 것과 비슷하죠. 코인 개발자들의 행보는 마치 정교한 연극과 같습니다.

■ **코인 개발자들의 행보**

단계	항목	세부사항
1단계: 무대 세팅 (추가사항)	토큰 이코노믹스 설계	• 초기 물량 분배계획 • 락업(잠금) 일정수립 • 인플레이션/디플레이션 정책설정
	초기 커뮤니티 형성	• 디스코드 서버 운영 • 텔레그램 채널 관리자 선발 • 초기 지지자 그룹 확보
2단계: 관객 모으기	이벤트	• 에어드랍/이벤트 기획 • 초기 유저확보를 위한 무료 토큰 배포 • 커뮤니티 참여 보상 프로그램
	PR/미디어 전략	• 암호화폐 전문 미디어와 관계구축 • 주요 크립토 뉴스 사이트에 보도자료 배포
	파트너십 구축	• 기존 블록체인 프로젝트들과 협력관계 형성 • 전략적 투자자 유치
3단계: 시장 안정화	토큰 가격 관리	• 전문 마켓 메이커와 장기계약 • 가격변동성 완화 전략수립

위 내용이 잘 이해가 안 되셨다고 해도 상관없습니다. 우리 입장에서는 별로 중요하지 않습니다. 확실한 건 위 활동은 돈이 꽤 많이 들어간다는 것! 그리고 코인 개발자들은 그 비용을 코인을 상장해서 회수하고 본인들의 이익도 챙기려 한다는 것입니다.

모든 코인 개발자들의 꿈은 바이낸스나 업비트 같은 대형 거래소 상장입니다. 마치 동네 족발집이 전국 체인점으로 성장하는 꿈을 꾸는 것처럼요. 하지만 현실은 녹록지 않습니다. 따라서 대부분 코인은 대형 거래소 상장 전 비용 부담이 상대적으로 적은 소규모 또는 중간 규모 거래소 상장을 먼저 한 후 코인의 호응이 좋을 경우 더 큰 거래소에 상장하는 전략을 취하는데, 순서는 대체로 다음과 같습니다.

■ 규모에 따른 거래소

거래소 규모	예시
탈중앙화 거래소	유니스왑Uniswap 등
소형 거래소	게이트아이오Gate.io, 쿠코인KuCoin, 멕시MEXC 등
중형 거래소	오케이엑스OKX, 바이비트 등
대형 거래소	바이낸스, 코인베이스Coinbase, 업비트 등

상위 거래소 상장은 마치 맛집이 백종원의 골목식당에 출연하는 것과 같습니다. 엄청난 호재죠! 그만한 자금력과 마케팅 파워가 있다는 증명이니까요. 투자자에게 가장 이상적인 시나리오는 유니스왑에 첫 상장된 코인이 바이낸스까지 가는 걸 잡는 거겠죠. 하지만 그건 마치 복권 당첨 확률과 비슷합니다. 대신 이런 전략은 어떨까요?

상장빔 고점 돌파 매수법

1. 바이낸스 상장 직후 폭등하는 현상을 '상장빔'이라고 합니다.

2. 대부분 코인은 이후 조정을 받지만

3. 그 상장빔 고점을 다시 돌파하면? 매수 찬스!

이 전략은 업비트, 빗썸, 바이비트 등 다른 주요 거래소에서도 통합니다. 마치 맛집이 체인점을 내면서 성공하는 것처럼, 검증된 코인이 새로운 시장에 진출할 때 기회가 생기는 거죠. 이 전략이 통하는 이유는 무엇일까요?

1. 상장 초기의 과열(상장빔)

일단 코인이 새로운 거래소에 상장하기 전 거래소는 대대적인 마케팅을 실시하고 개발팀은 상장 기념 이벤트와 에어드랍을 진행합니다. FOMO**Fear of Missing Out**(기회를 놓칠까봐 두려운 마음)에 휩싸인 투자자들이 몰려듭니다. 그래서 보통 상장 직후 강한 상장빔이 생깁니다.

2. 필연적인 조정

하지만 파티가 끝나면 뒷정리가 시작되듯, 상장 후엔 필연적으로 조정이 찾아옵니다. 초기 투자자들이 차익실현에 나서고, 에어드랍 받은 물량이 시장에 풀리면서 가격은 하락합니다. 마치 신년 첫날 새벽의 텅 빈 광장처럼, 시장의 열기는 급속도로 식어갑니다. 어떤 코인들은 매우 오랜 기간 동안 상장빔 고점을 돌파하지 못하고 계속 하락합니다. 이런 코인들은 우리가 사면 안 되겠죠?

3. 고점 재돌파, 진정한 가치(?)의 발견

그러다 흥미로운 현상이 나타납니다. 처음 기록했던 고점을 다시 돌파하는 코인들이 있는데, 이들은 대부분 그 이후로도 강한 상승세를 보입니다. 왜 그럴까요?

이유는 간단합니다. 첫 상장 때의 고점은 투기적 거품이었다면, 그 고점을 다시 돌파했다는 건 진정한 가치를 인정받았다는 의미이기 때문입니다. 물론 알트코인을 논하면서 '가치'를 따지는 것은 좀 웃기긴 하지만, 어쨌든 고점을 다시 돌파했다는 것은 그만큼 투자자들에게 인정받았다는 것을 의미합니다.

그래서 우리는 이때 매수를 하는 겁니다! 투자의 세계에서는 사람들의 속마음을 파악하는 것이 성공을 결정짓는 요소의 절반입니다. 코인 개발자들의 심리를 이해하고, 그들의 다음 행보를 예측할 수 있다면, 우리도 그들의 게임에서 수익을 낼 수 있지 않을까요?

2024년 9월의 어느 늦여름 날, 바이낸스 거래소에 특별한 손님이 찾아왔습니다. 네이로NEIRO라는 새로운 코인의 상장이 예고된 날이었죠. 시계는 저녁 7시를 가리키고 있었습니다. 상장 첫 순간은 마치 새해 첫 폭죽이 터지는 것 같았습니다. 네이로의 가격이 믿기 힘든 속도로 치솟더니, 몇 분만에 무려 13배나 폭등했습니다!(아쉽게도 바이낸스는 상장 후 5분간 실제 거래가 불가능한 '관전시간'을 둡니다. 따라서 이 13배 수익을 직접 맛보는 건 불가능했습니다.)

첫 상장의 축제가 끝나고, 네이로는 잠시 숨을 골랐습니다. 자정을 조금 넘긴 00시 45분, 드디어 그 순간이 찾아왔습니다. 네이로가 상장 빔 당시의 고점을 살짝 넘어선 것입니다. 가격은 0.000442USDT. 바로 이때가 매수 타이밍이었습니다.

■ **2024년 9월 16일, 네이로 상장 당일 15분봉 차트**

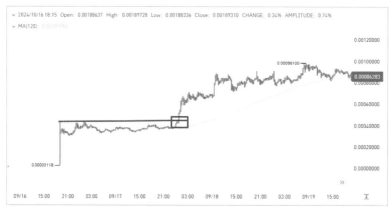

출처: BINANCE

■ **2024년 9~10월, 네이로 일봉 차트**

출처: BINANCE

그리고 약 한 달 뒤인 10월 15일, 네이로는 0.00233333까지 치솟았습니다. 정확히 427%의 수익률이었죠! 상장빔 고점 돌파시점에 투자했다면, 한 달 만에 자금이 5.27배로 불어난 셈입니다. 2024년 바이낸스에 상장한 코인 중 네이로 말고도 상장빔 고점을 돌파한 코인은 여럿 있었습니다.

2024년 바이낸스의 신규 상장 데이터를 분석하면서 흥미로운 패턴을 발견했습니다. 상장빔 고점을 돌파한 코인들은 마치 약속이라도 한

■ 2024년 바이낸스 상장 후 상장빔 돌파 코인

	상장빔 고점	고점 돌파 시점	최고점 시점	최고점 가격 (USDT)	수익률	최고점 도달 시간(일)
NEIRO	0.000442	9월 16일	10월 15일	0.0023333	427.90%	29
TURBO	0.005	9월 16일	10월 15일	0.013434	168.68%	29
BABYDOGE	0.00176	9월 16일	10월 19일	0.0035241	100.23%	33
BB	0.6	5월 27일	6월 6일	0.8789	46.48%	10
ENA	0.84	4월 2일	4월 11일	1.523	81.31%	9
WIF	1.848	3월 6일	3월 31일	4.86	162.99%	25
PIXEL	0.598	2월 19일	3월 11일	1.0367	73.36%	21
DYM	6	2월 6일	2월 14일	8.734	45.57%	8
RONIN	3.22	2월 18일	3월 13일	4.542	41.06%	24
PYTH	0.58	2월 14일	3월 16일	1.1608	100.14%	31
JUP	0.872	3월 13일	4월 1일	1.8476	111.88%	19
ALT	0.328	1월 25일	3월 27일	0.695	111.89%	62
MANTA	3.333	1월 26일	3월 12일	4.086	22.59%	46
XAI	1.2	1월 16일	3월 11일	1.637	36.42%	55
평균	–	–	–	–	109.32%	26.8

듯 추가적인 상승을 보였죠.

"그렇다면 상장과 동시에 매수하면 되는 거 아냐?" 많은 투자자들이 이렇게 생각하실 겁니다. 마치 아이폰 새 모델이 출시될 때 줄을 서서 기다리는 것처럼, 상장 첫날부터 뛰어들고 싶은 마음이 굴뚝같을 테니까요. 그러나 상장 후 상장빔 고점을 못 뚫는 코인이 훨씬 더 많습니다!

낫코인**NOTCOIN**에 담긴 슬픈 이야기를 들려드리겠습니다. 2024년 5월, 낫코인은 바이낸스에 상장하며 화려하게 데뷔했습니다. 상장빔으로 가격이 치솟았고, 많은 투자자들이 환호했죠. 하지만 그 후··· 5월 말과 6월 초에 반등은 있었지만, 10월까지도 첫날의 고점을 넘지 못했습니다. 마치 원히트원더 가수처럼, 데뷔곡의 영광을 다시는 재현하지 못한 거죠.

이제 우리는 이해합니다. 상장빔 고점 돌파는 단순한 차트의 선이 아닙니다. 그것은 일종의 '진정성 테스트'입니다.

■ **2024년 5~10월 낫코인 일봉**

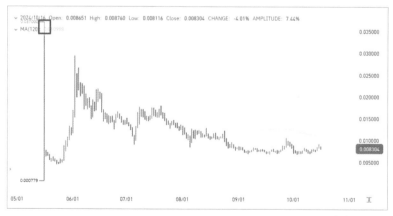

출처: BINANCE

- 진짜 프로젝트인가, 먹튀 프로젝트인가?

- 지속 가능한 관심인가, 일회성 이벤트인가?

- 진정한 가치가 있는가, 상장 마케팅의 결과인가?

불편한 진실 하나 말씀드리죠. 블록체인 역사상 대중이 정말 필요하다고 인정한 프로젝트는 아직 존재하지 않습니다. 제가 보기엔 정말 아직 '0개'입니다. 이더리움, 솔라나도 그냥 '코인하는 애들'의 장난감이지, 대중이 필요로 할 제품이나 서비스를 만들지 못했습니다.

신규 코인, 매도는 언제하나?

결국 언제 매도하냐가 중요한데요. 이게 사실 상당히 어렵습니다. 이런 신규 코인들이 변동성이 워낙 심하기 때문이죠.

1. 보유 후 3~4주 후 매도

상장빔 고점을 돌파하면 '진짜 프로젝트'이고 '진정한 가치'를 인정받았다고 말씀드렸죠? 그런데 그래봤자 대부분 한 달입니다. 그래도 요즘 같은 유행이 빨리 바뀌는 시대에 한 달 동안이나 투자자들에게 가치를 인정받은 것이 어디입니까! 2024년 상장하고 상장빔 고점을 뛰어넘은 코인들은 평균 26.8일 후 가격 최고점에 도달했습니다.

2. 트레일링 스탑

트레일링 스탑은 쉽게 설명하자면, '고점을 따라다니는 자동 매도선'입니다. 예를 들어볼까요? 당신이 1,000원에 코인을 샀다고 가정해 봅시다. 트레일링 스탑을 15%로 설정했다면

- 가격이 1,200원으로 올라가면 → 매도선은 1,020원(1,200원의 85%)
- 더 올라서 1,500원이 되면 → 매도선은 1,275원(1,500원의 85%)
- 약 1,500원에서 1,270원으로 떨어지면 → 자동 매도 실행!

즉, 가격이 오를 때마다 매도선도 따라 올라가고, 설정한 비율만큼 하락하면 자동으로 매도되는 시스템입니다. 트레일링 스탑의 경우 언제 매도를 할지 알 수 없습니다. '가격이 고점 대비 꺾이면' 매도하는 전략인데, 이런 하락은 매수 다음날에 올 수도 있고, 매수 후 석 달 후에 올 수도 있겠죠!

그렇다면 이런 신규 코인의 경우 어느 정도 비율을 트레일링 스탑 비율로 선택하는 것이 좋을까요? 바이낸스 상장 직후라면 변동성이 매우 크기 때문에 30~40% 정도로 잡고, 상장 후 2주 정도 지나면 변동성이 줄어들기 때문에 20~30%로 낮추고, 한 달 후부터는 변동성이 더 줄어드니 15~20% 정도가 적합하지 싶습니다.

트레이더의 진화, 손매매에서 알고리즘 트레이딩으로

지금까지 우리는 코인 투자의 다양한 시간지평을 탐험해 왔습니다. 마치 망원경의 배율을 바꾸어가며 우주를 관찰하듯, 서로 다른 시간대의 투자전략을 살펴보았죠. 먼저, 중장기 전략의 넓은 바다를 항해했습니다.

- 6개월에서 1년 이상 코인을 보유
- 반감기와 시장 사이클을 활용하는 대항해
- 그중 어떤 코인을 사고, 얼마를 사고, 언제 팔아야 하는지

그다음, 손매매가 가능한 단기 전략의 섬들을 발견했죠.

- 듀얼모멘텀: 매주 한 번, 뜨거운 코인을 찾아내는 보물찾기
- 비트코인 롱숏: 120일 이평선과 함께하는 춤
- 신규 코인 전략: 상장빔의 별을 좇는 여정

이 전략들은 매주 한 번씩 차트를 들여다보며 결정을 내려야 합니다. 중장기 투자가 지루하다고 느끼시는 분들에겐 딱 좋은 템포겠죠? 마치 주말농장 가꾸기처럼, 정기적으로 관심을 기울여야 하니까요.

다음 PART에서 이제 우리는 더 빠른 시간의 세계로 들어갑니다. 일 단위로, 시간 단위로 움직이는, 인간이 직접 거래하기 어려운 영역으로

요. 이곳에서는 컴퓨터라는 믿음직한 파트너가 필요합니다. 소프트웨어의 도움을 받아야 하는 초단기 전략. 이제 우리는 시간의 현미경을 들고, 시장의 가장 작은 움직임까지 포착하는 여정을 시작합니다. 준비되셨나요?

ALT-COIN

트럼프와 함께하는 **알트코인 대폭등**

PART
4

알트코인
초단기 자동매매
전략

14

초단기 전략의
원리

※ 경고! 경고! 경고! ※

이 책에서 소개하는 초단기 전략들은 상당히 난해할 수 있습니다. 클로드AI의 도움까지 받아서 최대한 쉽게 설명하려고 노력은 했으나 그래도 무슨 말인지 하나도 이해가 안 되실 수도 있습니다. 괜찮습니다! 그래서 제가 난이도가 낮은 중장기 전략과 단기 전략을 알려드린 겁니다.

지금까지 우리는 직접 거래소에서 매수-매도 버튼을 눌러야 하는 '손매매' 전략들을 살펴보았는데요, 이제는 컴퓨터가 우리 대신 24시간 쉬지 않고 매매해 주는 초단기 자동매매 전략을 소개하려 합니다.

혹시 영화 〈월 스트리트〉를 보신 적 있나요? 수많은 트레이더들이 모니터 앞에서 고함을 지르며 거래하는 장면이 나옵니다. 하지만 현대의 월가는 완전히 달라졌습니다. 조용한 서버실에서 컴퓨터들이 거래를 처리하고 있죠. 물론 여러분도 직접 트레이딩 봇을 만들 수 있습니다. 만약 여러분이 뛰어난 개발자라면 말이죠. 하지만 현실적으로 이 글을 읽는 99.9%의 독자분들은 그럴 수 없을 겁니다. 다행히 이미 훌륭한 자동매매 소프트웨어들이 있습니다. 제가 '퀀터스 테크놀로지'의 2대 주주이기도 해서, 이 책에서는 퀀터스quantus.kr를 이용한 전략을 소개해 드리려고 합니다.

구체적인 전략이 물론 가장 중요하겠지만, 그 전에 우리가 왜 이런 전략을 써야 하는지, 그 핵심논리부터 천천히 설명해 드리겠습니다. 마치 집을 지을 때 설계도를 그리기 전에 기초공사가 중요하듯이, 전략을 실행하기 전에 그 근간이 되는 생각부터 이해하는 것이 중요하기 때문입니다.

초단기 전략에 자동매매가 필요한 이유

1. 여러 코인에 분산투자

많은 분들이 오해하시는 게 있습니다. "어차피 하락장에서는 모든 코인이 다 떨어지는데, 분산투자가 무슨 소용이야?"라고 생각하시죠. 맞습니다. 하락장에서는 대부분의 코인이 함께 하락합니다. 하지만 상승장에서는 이야기가 완전히 달라집니다. 같은 상승장이라도 어떤 코인은 10% 오르는 동안, 다른 코인은 500%가 오르기도 합니다. 2023년 주식시장을 보셨다면 아실 겁니다. 코스피가 20% 오르는 동안 에코프로는 수백 퍼센트가 올랐죠. 2024년 미국 주식시장에서는 엔비디아가 그랬고요.

한 코인에만 올인했다가는 '대세 코인'을 놓칠 수 있습니다. 여러 코인에 투자하면 그중 한두 개는 폭발적으로 상승할 가능성이 높아지죠. 이것이 제가 분산투자를 첫 번째 원칙으로 꼽는 이유입니다.

2. 추세추종

앞서 단기 투자에서 설명했던 듀얼모멘텀 전략을 기억하시나요? 추세추종의 대표적인 예시였죠. 단순히 설명하면 '상승장에서는 매수, 하락장에서는 현금 보유 또는 공매도'라는 전략입니다.

추세추종이 왜 통하는지, 간단한 이동평균선만 가지고도 훌륭한 추세추종 전략을 만들 수 있다는 내용은 앞선 11장에서 충분히 설명했으니 여기서는 생략하도록 하겠습니다.

3. 여러 지표에 분산투자

120일 이동평균선만 보고 투자하는 것은 마치 망원경 하나로만 우주를 관찰하는 것과 같습니다. 천체 망원경, 전파 망원경, 적외선 망원경 등 다양한 관측기구를 사용할 때 우주의 진면목을 볼 수 있듯이, 투자도 여러 지표를 활용할 때 시장을 더 정확하게 읽을 수 있습니다. 특정 지표가 몇 년간 성과가 좋다가도 갑자기 틀어질 수 있습니다. 하지만 여러 지표를 동시에 보면, 모든 지표가 한꺼번에 실패할 가능성은 훨씬 낮아지죠.

4. 타이밍 분산투자

이동평균선을 기준으로 투자를 한다고 하면, 하나의 이동평균선만 보고 투자하는 것은 마치 한 명의 전문가 의견만 듣고 중요한 결정을 내리는 것과 같습니다. 그 전문가가 실수를 하면? 당신의 판단도 틀리겠죠. 하지만 여러 전문가의 의견을 동시에 듣는다면? 한 명이 실수해도 다른 전문가들이 이를 바로잡아줄 수 있습니다. 우리의 타이밍 분산 전략도 이와 같습니다.

예를 들어, 자금을 4등분해서 20일, 60일, 120일, 200일 이동평균선을 기준으로 순차적으로 매수하는 겁니다. 게다가 이것을 일봉, 12시간봉, 6시간봉 등 다양한 시간대에 적용할 수 있죠. 마치 여러 날에 걸쳐 다양한 등산로를 통해 정상에 오르는 것과 같습니다.

5. 변동성 고려

추세추종 전략을 쓰다 보면 누구나 한 번쯤 이런 경험이 있습니다. "드디어 상승세다!"하고 매수했는데, 며칠 뒤 가격이 뚝 떨어지는 거죠. 이런 '휩소(잘못된 신호)'는 투자자들의 가장 큰 골칫거리입니다.

■ 비트코인 추세추종 실패 예시

실제로 2023년 7월 말과 8월 말의 비트코인 차트를 보면 이런 휩소현상이 잘 나타납니다. 120일 이동평균선을 힘차게 뚫고 올라가는가 싶더니, 며칠 지나지 않아 다시 선 아래로 곤두박질치는 모습이었죠. 물론 이런 휩소를 100% 피하는 건 불가능합니다. 마치 주식시장에서도 "이제부터 쭉 올라갈 거야!"하고 산 종목이 다음날부터 하락하는 경우가 있는 것처럼요. 하지만 우리에겐 이 위험을 줄일 수 있는 비장의 무기가 있습니다. 바로 '변동성' 지표입니다.

두 명의 친구가 있다고 가정해 볼까요?

첫 번째 친구는 매우 차분한 성격입니다. 평소에 걸어다니다가 어느 날 갑자기 뛰기 시작했다면? "와, 무슨 일이 있나 봐!"하고 다들 놀랄 겁니다. 이게 바로 변동성이 낮은 코인입니다. 평소 하루 1% 정도만 움직이던 코인이 갑자기 10% 올랐다면, 이는 정말 의미 있는 상승신호일 가능성이 높습니다.

반면 두 번째 친구는 항상 활발합니다. 매일 뛰어다니는 게 일상이죠. 이 친구가 오늘도 뛰어다닌다고 해서 특별히 신경 쓰지 않겠죠? 이것이 변동성이 높은 코인입니다. 평소에도 하루 20%씩 오르내리는 코인이라면, 10% 상승은 그저 평범한 일상일 뿐입니다.

이를 투자에 적용하면 이렇게 됩니다.

1. 평소 조용조용한 코인(저변동성)

- 작은 상승에도 빠르게 매수 결정
- 작은 하락에도 빠르게 매도 결정
- 예: 하루 평균 1% 움직이는 코인이 5% 올랐다? 매수 신호!

2. 평소 활발한 코인(고변동성)

- 큰 폭의 상승이 있어야 매수 결정
- 큰 폭의 하락이 있어야 매도 결정

• 예: 하루 평균 20% 움직이는 코인이 10% 올랐다? 좀 더 지켜보자….

이렇게 각 코인의 변동성을 이해하고 그에 맞는 기준을 적용하면, 휩소에 속아 손실을 보는 경우를 많이 줄일 수 있습니다. 마치 오랜 친구를 대할 때 그 친구의 성격을 고려해서 행동하는 것처럼요.

실제 예시를 보자면, 2021년 도지코인의 경우 하루 20~30% 변동성이 일상적이었습니다. 이때는 10%대의 상승으로는 매수 시점이라 판단하기 어려웠고, 50% 이상의 강한 상승이 나타났을 때 비로소 의미 있는 매수 시그널이 되었죠. 이런 방식으로 각 코인의 개별 변동성을 고려해서 매매하면

1. 휩소에 속아 손실을 보는 경우가 현저히 줄어듭니다.
2. 실제 큰 추세의 시작을 더 정확하게 포착할 수 있습니다.
3. 각 코인의 특성에 맞는 맞춤형 전략으로 수익률이 개선됩니다.

특히 자동매매 시스템에서는 이러한 변동성 기준을 정교하게 설정할 수 있어, 더욱 효과적인 매매가 가능합니다. 시스템이 각 코인의 과거 변동성을 계산하고, 그에 맞춰 매수-매도 시점을 자동으로 조절해주니까요.

15

자동매매 전략의
놀라운 성과

이론적 설명은 이 정도 하고 이제 실제로 어떻게 돈을 벌 수 있는지, 구체적인 전략을 살펴보겠습니다. 제가 지금부터 소개할 초단기 전략의 예시전략은 퀀터스 임직원들이 직접 개발하고 검증한 초단기 전략입니다. 이 전략의 가장 큰 장점은 퀀터스 소프트웨어에서 누구나 쉽게 따라 할 수 있다는 점입니다. 물론 이게 '세상에서 가장 좋은 전략'이

■ 퀀터스 "전략 예시" 메뉴

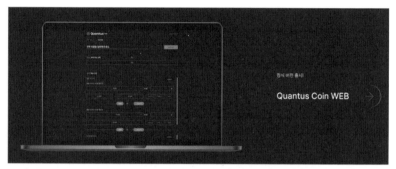

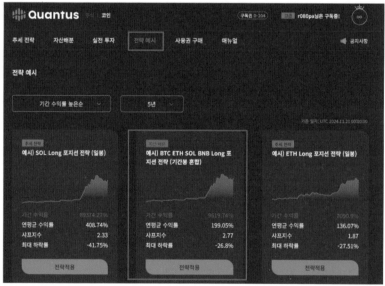

라고 말씀드리진 않겠습니다. 여러분이 이 책을 읽고 더 뛰어난 전략을 만들어내실 수도 있습니다! 하지만 이 전략의 핵심논리만 이해하셔도, 여러분만의 수익 전략을 개발하는 데 큰 도움이 될 것입니다.

예시전략은 퀀터스 홈페이지에서 **https://www.quantus.kr**에서 "Quantus Coin Web"을 클릭하고 "전략 예시" 메뉴를 통해 확인하실 수 있습니다. 예시전략의 공식명칭은 "예시) BTC ETH SOL BNB Long 포지션 전략 (기간봉 혼합)"입니다.

자, 그럼 이 전략이 얼마나 효과적인지, 백테스트 성과부터 살펴보 겠습니다.

1. 수익률

2020년 10월부터 지금까지, 이 전략의 수익률은 무려 8,562%를 기록했습니다. 연복리로 환산하면 201.86%죠. 같은 기간 비트코인은 얼마나 올랐을까요? 508% 상승, 연복리 56.38%에 그쳤습니다. 우리 전략이 비트코인 연복리 수익률의 거의 4배를 달성한 셈이죠!

■ **퀀터스 전략 벤치마크**

Cumulative Return	8562.36%	508.42%
CAGR	201.86%	56.38%

2. MDD

물론 이 전략도 완벽하진 않았습니다. 2024년 7, 8월에는 최대 24.62%까지 하락했고, 2021년과 2023년에도 20% 이상의 손실을 본 적이 있습니다. 하지만 잠깐 생각해 보세요. 같은 기간 비트코인은 어 땠나요? 2021~2022년 하락장에서 무려 76.67%나 폭락했습니다. 24%

■ **수익률이 마이너스인 언더워터 구간**

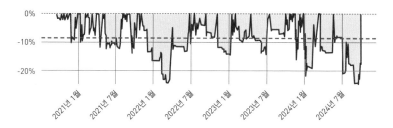

■ **최대 하락폭**

시작	회복	하락율	기간(일)
2024.5.22.	2024.9.30.	−24.62%	131
2021.11.8.	2022.6.25.	−24.51%	229
2023.12.27.	2024.3.8.	−21.92	72
2023.11.17.	2023.12.8.	−16.42%	21
2022.11.7.	2023.1.14.	−14.63%	68
2023.1.31.	2023.7.14.	−14.45%	164
2021.9.10.	2021.10.16.	−14.23%	36
2024.3.19.	2024.5.19.	−13.68%	61
2021.5.13.	2021.8.6.	−12.47$	85
2021.4.14.	2021.5.2.	−11.96%	18
비트코인 MDD	−76.67%	비트코인 회복기간	846

하락이 76% 하락보다 훨씬 견디기 쉽지 않나요?

이런 안정성 덕분에 우리 전략의 샤프지수(리스크 대비 수익률)는 2.8을 기록했습니다. 비트코인의 샤프지수가 1.03인 것을 감안하면, 리스크 관리 측면에서도 훨씬 뛰어난 성과를 보인 것이죠.

3. 연별, 월별 수익률

■ 연별 수익률

연도	비트코인	퀀터스 전략	Multiplier	승패
2020	168.23%	49.63%	0.30	패
2021	62.92%	624.20%	9.92	승
2022	−64.75%	18.04%	−0.28	승
2023	154.04%	377.02%	2.45	승
2024	55.47%	41.98%	0.76	패

■ 월별 수익률

2020년 10월부터의 월별 수익률을 보면 더욱 놀랍습니다. 전체 48개월 중 35개월에서 수익을 냈고(73%), 단 13개월만 손실을 봤습니다. 가장 큰 월간 손실도 2024년 8월의 -13.1%에 불과했고, 10% 이상 하락한 달도 매우 적었죠.

특히 주목할 만한 점은 2022년의 성과입니다. 그해 비트코인이 65%나 폭락할 때도, 우리 전략은 18% 수익을 냈습니다! 매년 꾸준히 수익을 내는 것, 이것이 바로 진정한 '전업 트레이더'의 모습 아닐까요?

다음 장부터 이런 놀라운 성과를 낼 수 있었던 전략의 구체적인 매매 방법을 하나하나 살펴보도록 하겠습니다.

나도 이런 전략을 만들 수 있을까?

많은 분들이 궁금해 하실 것 같네요. "이렇게 좋은 성과를 내는 전략, 나도 한 번 시도해 볼 수 있을까?" 물론입니다! 퀀터스는 여러분이 직접 전략을 만들고, 테스트하고, 실전투자까지 할 수 있는 모든 도구를 제공합니다.

1. 나만의 전략 만들기와 백테스트

여러분은 두 가지 방법으로 시작하실 수 있습니다:

- "자산배분" 메뉴에서 이 예시전략을 그대로 백테스트해보세요
- "추세 전략" 메뉴에서는 더 깊이 들어가 전략의 세부설정을 수정해 볼 수 있습니다

정말 흥미로운 점은, 여러분이 완전히 새로운 전략을 만들 수도 있다는 겁니다.

- 15개의 다양한 코인
- 10개의 지표들
- 이것들을 자유롭게 조합해 여러분만의 트레이딩 '레시피'를 만들 수 있죠

처음이라 걱정되시나요? "전략 예시" 메뉴에 가보세요. 퀀터스 임직원들이 직접 만든 검증된 전략들이 기다리고 있습니다. 이 전략들의 설정값도 여러분이 원하는 대로 수정할 수 있어요!

2. 실전투자

백테스트에서 좋은 결과가 나왔다면? 이제 실전입니다!

"실전 투자" 메뉴에서는 여러분이 만든 전략으로 실제 자동매매를 시작할 수 있습니다. 24시간 쉬지 않고 여러분의 전략대로 매매하는 거죠. 여러분은 편하게 성과만 확인하면 됩니다.

3. 시작하는 방법

"어떻게 시작하나요?" 크게 두 가지만 준비하시면 됩니다.

① 퀀터스 사용권 구매하기

- 네, 퀀터스도 수익을 내야 하는 회사입니다! 하지만 여러분이 얻을 수 있는 가치를 생각하면….

② 바이낸스 선물계좌 만들기

- 퀀터스와 연동하는 과정이 필요합니다

"어려워 보이는데…." 걱정 마세요! "매뉴얼"에 모든 과정이 자세히 설명되어 있습니다. 거기 나온 대로만 따라하시면, 초보자도 쉽게 시작하실 수 있어요.

16

예시전략
– 일봉 전략

자, 그렇다면 앞선 장에서 살펴봤듯 도대체 저 놀라운 성과를 낸 예시전략은 무엇일까요? 이 전략은 12개 전략을 섞은 혼합 전략인데, 걱정 마세요. 하나씩 차근차근 설명해 드리겠습니다.

■ **예시전략의 전략 트리**

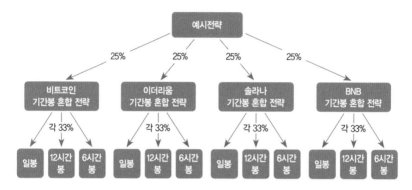

이 전략은 비트코인, 이더리움, 솔라나, BNB 각각에 25%씩 투자하고 각 코인마다 3개의 세부전략을 적용합니다. 그럼 첫 번째 세부전략인 '비트코인 일봉 전략'의 예시부터 자세히 살펴보겠습니다.

비트코인 일봉 전략

• **매수**

　– 매수 조건 1: 비트코인의 20일간의 ADX 지표가 50 이상이면 매수합니다.

　– 매수 조건 2: 만약 20일간의 ADX 지표가 50 미만이라면,

비트코인의 50일 HMA 이격도가 102 이상임과 동시에

비트코인의 14일 RSI도 70 이상이면 비트코인을 매수한다.

• **매도**

  – 위의 조건들이 더 이상 충족되지 않으면 보유한 비트코인을 모두 매도하고 현
금(USDT)을 보유한다.

위에서 설명한 이 전략은 퀀터스의 "전략 예시"에서 바로 찾으실 수 있습니다. 전략명은 "예시) BTC Long 포지션 전략(일봉)"입니다. 파라미터(사용자가 원하는 방식으로 자료가 처리되도록 명령어를 추가하거나 변경하는 수치 정보) 설정방법을 하나하나 살펴보겠습니다.

먼저 "투자 대상"에 BTC, 즉 비트코인 선택합니다. "기간봉 설정"에 "일"봉을 선택하는데 24시간을 한 단위로 보겠다는 의미입니다.

그리고 이어서 "매수 조건"의 경우, 상단부에 "HMA"의 "50"일봉이 "102" 이상(상위>), RSI의 "14"일봉이 "70" 이상(상위>), 중간에 "AND"가 있는데 여기서 AND는 '이 두 조건을 모두 만족해야 한다'는 뜻입니다. 마치 맛있는 라면을 먹으려면 면도 있어야 하고(AND) 스프도 있어야 한다는 것처럼요. RSI 70 이상, HMA 이격도 102 이상, 이 두 조건을 모두 충족해야 한다는 뜻입니다.

하단부에는 "ADX"의 "20" 일봉이 "50" 이상(상위>), 상단부와 "OR"로 연결되어 있는데, 여기서 OR는 '위 조건들을 만족하지 않아도, ADX가 50 이상이면 매수한다'는 뜻입니다. 마치 라면이 없어도(OR) 피자가 있으면 배고프지 않다는 것처럼요.

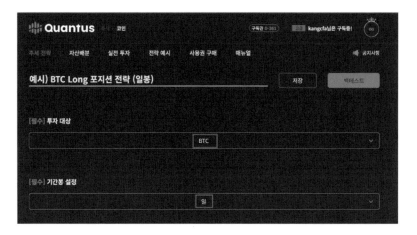

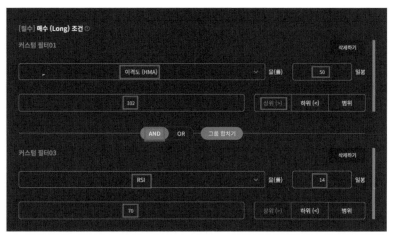

처음 보는 지표들이 있나요? HMA, ADX, RSI… 이런 용어들이 생소하게 느껴지시나요? 걱정 마세요. 이 모든 지표들은 결국 '시장의 추세를 파악하기 위한 도구들'입니다. 마치 날씨를 예측할 때 기압계, 습도계, 풍향계 등 여러 도구를 사용하는 것처럼요. 이어지는 내용에서 각 지표를 자세히 설명해 드리겠지만, 지금 당장은 이것들은 **시장의 방향과 강도를 측정하는 여러 도구들**이다, 라고만 기억해 두서도 충분합니다.

HMA(Hull Moving Average, 헐이동평균선)

우리는 앞서 이동평균선이 추세를 파악하는 데 매우 유용한 도구라는 것을 배웠습니다. 그러면 이동평균선의 장단점을 자세히 살펴볼까요? 먼저 장점부터 알아보겠습니다.

하나, 추세파악이 쉽습니다. 수많은 가격들의 평균을 내기 때문에 전체적인 흐름이 한눈에 들어옵니다. 마치 숲을 위에서 내려다보면 나무들이 어느 방향으로 기울어져 있는지 쉽게 알 수 있는 것처럼요.

둘, 시장의 '노이즈'를 제거합니다. 하루하루의 들쑥날쑥한 가격변동에 현혹되지 않게 해줍니다. 마치 라디오의 잡음을 제거하고 깨끗한 음악만 들을 수 있게 해주는 것처럼요.

그런데 단점도 있습니다. 하나, 변곡점을 늦게 알려줍니다(지연성). 과거 데이터를 기반으로 하다 보니 시장변화를 즉각 반영하지 못합니다. 마치 뒷좌석에서 "우회전하세요"라고 말했는데 이미 교차로를 지

나쳐 버린 것처럼요

둘, 급격한 변화에 취약합니다. 시장이 갑자기 크게 움직일 때는 별로 도움이 되지 않습니다. 마치 천천히 걷다가 갑자기 뛰기 시작한 사람을 따라가기 어려운 것처럼요.

그런데 우리가 흔히 쓰는 '이동평균선'은 사실 '단순이동평균선**SMA**'입니다. 최근 N일 가격을 모두 더해서 N으로 나누는 아주 단순한 방식이죠.

단순이동평균선(SMA) 공식

$$SMA = \frac{P_1 + P_2 + P_3 + \cdots + P_n}{n}$$

- $P_1, P_2, P_3, \cdots, P_n$: 해당 기간 동안의 가격
- n: 이동평균을 계산하는 기간(5일, 10일, 50일 등)

SMA의 가장 큰 문제점은 모든 날의 가격을 동등하게 취급한다는 겁니다. 120일 이동평균선을 예로 들면, 4개월 전 가격이나 어제 가격이나 똑같은 비중으로 계산됩니다. 그런데 상식적으로 최근 가격이 미래 가격에 더 큰 영향을 미치지 않을까요?

이런 문제를 해결하기 위해 수많은 개선된 이동평균선이 등장했습니다. EMA, WMA, TMA, VWMA, DMA, JMA, KAMA 등 수많은 시도가 있었는데, 퀀터스 이재민 대표는 그중에서도 앨런 헐**Allan Hull**이 개발한 HMA가 코인 시장에서 특히 효과적이라는 것을 발견했습니다.

HMA 공식

$$HMA(n) = WMA(\sqrt{n}) \text{ of } (2 \times WMA(\frac{n}{2}) - WMA(n))$$

아래 설명할 부분은 단순히 HMA 공식을 이해하기 위한 참고 사항입니다. 수학적으로 세부사항을 완벽하게 이해하지 않아도 HMA를 활용하는 데는 전혀 문제없습니다!

1. WMA(가중이동평균) = WMA = $\dfrac{\Sigma(가격 \times 가중치)}{\Sigma 가중치}$

- 가중이동평균은 마치 학점계산처럼 각 데이터에 중요도를 다르게 부여합니다.
- 예를 들어 5일 WMA 계산 시 오늘 가격에 가중치 5, 어제 가격 가중치 4, 그제 가격 가중치 3….
- 이런 식으로 최신 데이터에 더 높은 가중치를 줍니다.

2. WMA(n/2)의 계산

- n 기간의 절반에 대한 WMA를 구합니다.
- **예** 16일 HMA라면 8일 WMA를 먼저 계산

3. WMA(n)의 계산

- 전체 기간 n에 대한 WMA를 구합니다.
- **예** 16일 WMA 계산

4. 2 × WMA(n/2) − WMA(n) 계산

- 두 개의 WMA를 이용해 다음과 같은 차이를 계산한다.
- WMA 차이 = 2 × WMA(n/2) − WMA(n)

5. WMA($\sqrt{n}$) 계산

- $\sqrt{n}$ 기간으로 다시 한번 WMA를 계산
- 만약 n이 16이면 $\sqrt{16}$ = 4일 WMA로 최종 보정
- 예를 들어, n = 16 기간의 HMA를 계산할 경우, WMA(16/2) = WMA(8)을 계산한다. → WMA(16)을 계산한다. → 2 × WMA(8) − WMA(16)을 계산한다. → 위 결과를 이용해 $\sqrt{16}$ = 4일 WMA를 구한다.

따라서, 아래와 같은 결과가 나온다.

- 최종 결과값 = HMA(16) = WMA(4) of (2 × WMA(8) − WMA(16))

HMA의 특별한 점은 ① 최신 데이터에 더 큰 비중을 둡니다, ② 추세 변화를 더 빠르게 포착합니다, ③ 다른 이동평균선보다 지연성이 적습니다, ④ 특히 코인 시장의 급격한 변동성에 더 잘 대응합니다

이것이 바로 우리가 전략에 단순이동평균선인 SMA 대신 HMA를 사용하는 이유입니다. 코인 시장처럼 빠르게 움직이는 시장에서는 '늦게 알려주는' 지표보다 '빠르게 반응하는' 지표가 필요하니까요. 그럼 구체적으로 두 지표를 비교해 볼게요.

HMA vs. SMA: 두 지표의 실전 비교

먼저 속도 비교입니다. SMA(빨간선)은 추세 변화를 느리게 따라갑니다. HMA(파란선)은 가격변화를 더 빠르게 포착하고 반응합니다. SMA와 HMA를 비교한 차트의 노란점을 보세요. HMA가 가격반등을 SMA보다 훨씬 빨리 포착했습니다!

HMA의 장점은 ① 추세 변화를 더 빠르게 포착합니다, ② 불필요한

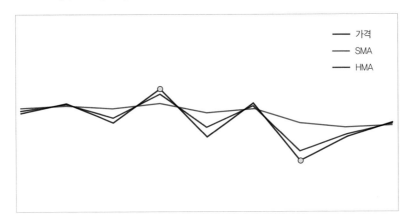

노이즈는 여전히 잘 걸러냅니다, ③ 특히 급등/급락 시점을 잘 찾아냅니다.

HMA의 단점은 ① 계산이 복잡합니다(다행히 퀀터스가 자동으로 계산!), ② 때로는 너무 민감하게 반응할 수 있습니다(휩소 발생 가능!), ③ SMA보다 다소 불안정할 수 있습니다.

따라서 어떤 자산군에서는 SMA가, 다른 자산군에서는 HMA가 좀 더 성과가 좋은 편인데, 코인의 경우에는 HMA의 성과가 꽤 좋았습니다.

'HMA 이격도 102' 이상은 무엇을 의미할까?

예시전략에서 이격도(가격과 이동평균선 사이의 괴리)라는 말이 나오는데 이건 무슨 말일까요? 투자를 하다 보면 이런 경험 많이 하시죠? "드디어 이동평균선을 돌파했다! 이제 오른다!" 하고 매수했는데, 그 다음날 가격이 뚝 떨어지는 상황이요. 이격도는 이런 실수를 줄이기 위한 안전장치입니다. 쉽게 설명해 드릴게요. 우선 이격도는 이렇게 계산합니다.

이격도 = (현재 가격 / HMA) × 100

예를 들어보죠. 비트코인 현재 가격이 5,000만 원입니다. HMA 값이 4,900만 원이고요. 이 경우 '이격도 = (5,000 ÷ 4,900) × 100 = 102'가 됩니다. 자, 그러면 이격도가 100이면? 현재 가격이 HMA와 정확히 같다는 뜻입니다. 다시 말해

- 이격도가 100 이상이면 가격이 HMA보다 높다는 것을 의미하고
- 이격도가 100 이하면 가격이 HMA보다 낮다는 것을 의미합니다.

그런데 우리 전략은 왜 하필 102를 기준으로 잡았을까요?

보통 추세추종 전략들은 가격이 이동평균선을 돌파하자마자(이격도 100 초과) 매수합니다. 하지만 HMA는 조금 민감한 친구라, 가끔 잘못된 신호를 줄 수 있어요. 마치 조급한 친구가 "빨리 가자!" 하고 재촉하는 것처럼요.

그래서 우리는 "좀 더 지켜보자" 하는 마음으로 2%를 더 기다립니다. 가격이 HMA를 넘어서고, 거기서 2% 더 올라가면 그때 매수하는 거죠. 이는 마치 신호등이 파란불로 바뀌고 나서 1~2초 더 기다렸다가 출발하는 것과 비슷합니다. 좀 더 안전하게 가자는 거죠!

이렇게 하면 잘못된 신호로 인한 손실을 줄일 수 있고, 좀 더 확실한 상승 추세를 잡을 수 있습니다. 물론 2% 더 기다리는 동안 일부 수익 기회를 놓칠 수도 있지만, 그만큼 더 안전한 매매가 가능해집니다. 투자에서는 때로는 조금 덜 벌더라도 더 안전하게 가는 것이 현명한 선택일 수 있으니까요!

RSI(Relative Strength Index, 상대강도지수)

투자계의 천재 웰스 와일더**Welles Wilder**가 만든 RSI**Relative Strength Index**는 마치 환자의 체온을 재는 것처럼 시장의 **추세의 방향과 강도**를 측정하는 지표입니다. RSI는 0에서 100 사이의 값으로 표현되는데, 100에 가까울수록 강한 상승추세, 0에 가까울수록 강한 하락추세를 의미합니다.

보통 RSI가 70 이상이면 강한 상승추세를 의미하며, 이를 '과매수 구간'이라고 표현하는 경우도 있으며, RSI가 30 이하면 강한 하락추세를 의미하며, 이를 '과매도 구간'이라고 표현하는 경우도 있습니다. 그렇다면 RSI를 투자에 어떻게 활용하는 것이 좋을까요? 많은 투자자들이 이 지표를 보고 이렇게 생각합니다.

"RSI가 70 넘었다고? 과매수네. 너무 많이 샀으니 이제 떨어질 차례야!" → 매도

"RSI가 30 밑이네? 과매도다. 너무 많이 팔았으니 이제 오를 차례지!" → 매수

그래서 많은 투자자들이 이렇게 '역추세' 거래를 합니다.

마치 더운 여름날 "이제 그만 더울 때가 됐어!"라고 생각하는 것과 비슷하죠. 하지만 실제로는 어떤가요? **한여름은 더 더워질 수 있고, 한겨울은 더 추워질 수 있습니다.**

코인 시장도 마찬가지입니다. 특히 이 시장에서는 '추세'가 지속되는 경향이 매우 강합니다. 그래서 우리는 오히려 **RSI가 70을 넘어 '과매수' 상태가 되는 것을 환영하고 오히려 이때 매수합니다.** 이는 마치 인기 맛집을 발견한 것과 같습니다.

맛집 앞에서 "사람이 너무 많아서 과잉 인기네. 곧 망하겠지?"라고 생각하시나요? 아니죠. "이렇게 인기가 많은 데는 이유가 있겠구나!"라고 생각하시죠. RSI도 마찬가지입니다. 과매수라는 말은 단순히 강한 매수세가 형성됐다는 뜻이고, 이는 더 큰 상승의 시작을 알리는 것일 수 있습니다.

시장의 열기를 정확히 측정하는 RSI, 과연 어떻게 계산하는 걸까요? RSI의 구체적인 계산법이 필요하신 분들을 위해 아래에 수식을 정리해 봤습니다. 단계별로 설명해 드릴게요.

$$RSI = 100 - \left(\frac{100}{1 + RS} \right)$$

RSI의 수식은 위와 같습니다. 여기서 RS는 '평균 상승'을 '평균 하락'으로 나눈 값입니다. 일반적으로 14일 기간을 기준으로 계산하며, 최근 14일 동안의 상승과 하락 폭을 비교하여 RSI 값을 산출합니다. 예를 들어볼게요.

- 1단계: 일일 가격변화 확인하기

매일매일 가격이 얼마나 올랐는지, 혹은 내렸는지 체크합니다. 계산하고자 하는 기간 동안의 일별 가격변화를 계산합니다. '오늘의 변화 = 오늘 종가 − 어제 종가'입니다.

- 2단계: 상승일과 하락일 분류하기

각 변동량을 보고 상승일과 하락일을 구분합니다. 가격변화가 양수인 날들(상승일)의 값을 더합니다. 가격변화가 음수인 날들(하락일)의 절대값을 더합니다. 하락일의 변동량은 부호가 마이너스이므로 절댓값을 사용합니다.

- 3단계: 평균 계산하기

지정한 기간(일반적으로 14일) 평균적인 상승폭과 하락폭을 계산합니다. 14일 동안 상승한 날들의 합계가 350만 원, 하락한 날들의 합계가 −200만 원이라면 '평균 상승 = 350 ÷ 14 = 25만 원', '평균 하락 = 200 ÷ 14 = 14.3만 원'이 됩니다.

- 4단계: RS$^{Relative Strength}$(상대강도) 계산

'RS = 평균 상승 ÷ 평균 하락'입니다. 위 예시의 경우 'RS = 25 ÷ 14.3 = 1.75'가 됩니다.=

- 마지막 5단계: RSI 계산

RS 값을 구한 후, 이를 RSI 계산에 사용합니다. 위에서 설명한 RSI 공식에 따라 계산하면 'RSI = 100 − (100 ÷ 2.75) = 63.64'가 됩니다.

- 요약하면 다음과 같이 진행됩니다.

  ① 각 일별 가격 변동량을 구한다.

  ② 상승일과 하락일을 구분해 평균 상승과 평균 하락을 계산한다.

  ③ RS(평균 상승 ÷ 평균 하락) 값을 계산한다.

  ④ RS 값을 RSI 공식에 대입해 RSI를 산출한다.

ADX(Average Directional Index, 평균방향지수)

시장의 맥박을 재는 특별한 도구 ADX

RSI로 유명한 웰스 와일더가 만든 또 하나의 놀라운 도구가 있습니다. 바로 ADX^{Average Directional Index}입니다. 2016년 인터뷰에서 와일더는 "내가 만든 모든 지표 중 트레이더에게 가장 도움이 되는 건 ADX"라고 말했는데요. 왜 그렇게 말했는지 함께 알아보겠습니다.

ADX는 추세의 강도를 측정하는 데 사용되는 기술적 지표이고, RSI와 마찬가지로 0에서 100까지의 값으로 나타나는데요. 값이 클수록 추세가 강하다는 것을 의미합니다.

1. 0–20: 추세가 거의 없거나 매우 약함

2. 20–40: 적당한 추세

3. 40–60: 강한 추세

4. 60 이상: 매우 강한 추세

재미있는 점은 ADX는 RSI와 다르게 추세의 방향을 알려주지 않는다는 겁니다. 마치 심박계가 환자가 앞으로 뛰는지 뒤로 뛰는지는 모르고, 단지 **얼마나 빨리 움직이는지만 알려주는 것처럼요.**

그러면 왜 ADX가 중요할까요? 투자의 세계를 마라톤에 비유해 볼까요? 마라톤 코스에는 평지도 있고, 오르막도 있고, 내리막도 있습니다. 우리의 추세추종 전략은 '뚜렷한 방향이 있을 때' 가장 잘 작동합니다.

■ 비트코인 추세 구간 vs. 비추세 구간 차트

실제 예를 보시죠. 2023년 9월부터 2024년 3월까지 비트코인은 마치 마라톤 선수가 한 방향으로 쭉 달리는 것처럼 강한 추세를 보였습니다. 이때 추세추종 전략으로 돈을 벌기 쉬웠죠. 반면 2024년 3월부터 9월까지는? 마치 선수가 제자리에서 왔다갔다하는 것처럼 횡보장이 이어졌습니다. 이런 구간에서는 추세추종 전략이 고전하기 마련입니다.

그래서 우리는 ADX가 50 이상일 때만 매수합니다. 이는 마치 '선수가 진짜 달리기 시작했을 때' 베팅하는 것과 같죠. 제자리 걸음할 때는 기다렸다가, 확실히 한 방향으로 달리기 시작할 때 따라가는 겁니다. 이번에도 관심 있는 분들을 위해 ADX 계산법을 정리했습니다.

ADX는 시장의 맥박을 재는 도구라고 했는데, 어떻게 그 맥박을 측정하는 걸까요? RSI보다는 조금 복잡하지만, 차근차근 설명해 드리겠습니다. ADX는 여러 단계를 거쳐 계산됩니다. 먼저 '+DI**Positive Directional Indicator**'와 '−DI**Negative Directional Indicator**'를 구한 후, 이를 기반으로 ADX 값을 구합니다.

1. True Range^{TR} 계산

먼저 시장이 하루 동안 얼마나 움직였는지 측정합니다. 마치 운동선수가 하루에 얼마나 멀리 움직였는지 재는 것과 비슷하죠. 세 가지 거리를 비교합니다. ① 오늘의 최고가 − 최저가, ② 오늘의 최고가 − 어제의 종가, ③ 오늘의 최저가 − 어제의 종가를 비교합니다. 이들 중 가장 큰 값이 바로 TR입니다!

예를 들어서 오늘 비트코인이 5,000~5,200만 원 사이에서 움직였고, 어제 종가가 5,100만 원이었다고 해요. 그러면 'TR = max(200만 원, 100만 원, 100만 원) = 200만 원'이 됩니다.

2. 방향성 움직임**Directional Movement, DM** 측정하기

이제 시장이 어느 방향으로 더 강하게 움직였는지 체크합니다.

- +DM (상승 움직임)
  - 오늘 최고가가 어제보다 더 높아졌나?
  - 그 상승폭이 하락폭보다 큰가?
  - 두 조건이 모두 맞으면 그 차이가 +DM이 됩니다
- −DM (하락 움직임)
  - 오늘 최저가가 어제보다 더 낮아졌나?
  - 그 하락폭이 상승폭보다 큰가?
  - 두 조건이 모두 맞으면 그 차이가 −DM이 됩니다
- 예시
  - 어제 최고가: 5,000만 원, 오늘 최고가: 5,200만 원

- 어제 최저가: 4,800만 원, 오늘 최저가: 4,900만 원

- +DM = 200만 원(상승폭이 더 커서)

- −DM = 0(하락보다 상승이 더 컸으니까)

간단히 말해, +DM은 상승한 정도를 나타내고, −DM은 하락한 정도를 나타내는 지표로, 이 두 값을 통해 시장의 상승과 하락 추세를 평가합니다.

3. 변동성 줄이기

이제 위에서 구한 TR, +DM, −DM을 좀 더 부드럽게 만듭니다. 마치 심전도를 볼 때 너무 삐죽삐죽한 선을 부드럽게 만드는 것처럼요. 보통 14일 동안의 평균을 내서 사용하고, 이를 '부드러워진 TR', '부드러워진 +DM', '부드러워진 −DM'이라 부릅니다.

4. 방향성 지표^{DI} 계산하기

이제 +DI와 −DI를 계산합니다.

- +DI = (부드러워진 +DM ÷ 부드러워진 TR) × 100
- −DI = (부드러워진 −DM ÷ 부드러워진 TR) × 100

5. 방향성 지수^{DX} 구하기

+DI와 −DI의 차이가 얼마나 나는지 계산합니다

- DX = (|+DI − −DI| ÷ |+DI + −DI|) × 100

6. ADX 계산하기

이렇게 DX의 n일 이동평균이 바로 ADX가 됩니다.

비트코인 일봉 전략의 성과와 알트코인 적용

여러분, 지금까지 우리는 꽤 복잡한 수식과 개념들을 살펴봤습니다. 머리가 아프시죠? 하지만 걱정마세요. 마치 자동차를 운전할 때 엔진의 작동원리를 완벽히 이해할 필요가 없는 것처럼, HMA, RSI, ADX 지표들의 복잡한 계산과정을 모두 알 필요는 없습니다.

우리의 핵심전략을 다시 한 번 정리해 볼까요? 우리는 추세를 따라 수익을 내는 추세추종 투자자입니다. 이번에 소개해 드렸던 세 지표는 추세의 방향, 강도 등을 파악하는데 유용한 지표입니다.

1. HMA: 추세의 방향을 알려주는 나침반

HMA는 추세의 방향을 알려주는 나침반입니다. 이격도 100 이상은 "위쪽으로 가고 있어요!", 이격도가 더 높을수록 "더 강하게 위로 가고 있어요!"를 의미합니다. HMA는 일반적인 이동평균선보다 빠르게 방향을 알려준다는 장점이 있습니다

2. RSI: 추세의 힘과 방향을 동시에 보는 지표

RSI가 70 이상이면 "강한 상승 동력이 있어요!", 30 이하면 "강한 하락 동력이 있어요!"를 의미합니다. 많은 사람들이 이 수치를 보고 반대로 행동하지만, 우리는 추세를 따라갑니다.

3. ADX: 추세의 존재 여부를 확인하는 신뢰도 측정기

ADX가 40 이상이면 "확실한 추세가 형성됐어요", 60 이상일 경우 "매우 강력한 추세에요!"를 의미합니다. 상승과 하락 구분 없이 의미 있는 움직임이 있다는 것을 알려줍니다.

이 세 지표는 마치 등산할 때 필요한 도구들과 같습니다. HMA는 나침반처럼 방향을 알려주고, RSI는 고도계처럼 얼마나 높이 올랐는지 보여주며, ADX는 날씨 예보처럼 등산하기 좋은 컨디션인지 알려줍니다. 이제 이 세 가지 지표들을 종합적으로 한 번 살펴볼까요?

비트코인 일봉 전략

1. 매수

   – 매수 조건 1: 비트코인의 20일간의 ADX 지표가 50 이상이면 매수

   – 매수 조건 2: 만약 20일간의 ADX 지표가 50 미만이라면,

   　　　　　　비트코인의 50일 HMA 이격도가 102 이상임과 동시에

   　　　　　　비트코인의 14일 RSI도 70 이상이면 비트코인을 매수

2. 매도

   – 위의 조건들이 더 이상 충족되지 않으면 보유한 비트코인을 모두 매도하고 현금(USDT)을 보유

자, 그럼 이렇게 투자했을 경우 결과는 어땠을까요?

■ 비트코인 일봉 전략 vs. 비트코인 수익률

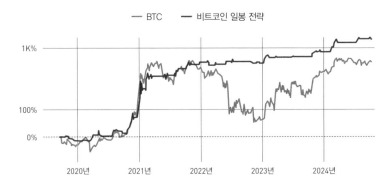

	비트코인 일봉 전략	비트코인
총 수익률	1,457.87%	502.81%
연복리 수익률	71.67%	42.41%
MDD	18.54	76.67

코인 투자에서 가장 무서운 것이 무엇일까요? 바로 큰 폭의 하락입니다. 2022년 많은 투자자들이 비트코인이 76%나 폭락하는 것을 지켜봐야 했죠. 부자가 되는 꿈이 악몽으로 변하는 순간이었습니다.

총 수익률을 비교했을 때 우리의 전략이 1,000만 원이 1억 5,000만 원으로 되었을 때, 비트코인은 6,000만 원이 되었습니다. 결과적으로 우리 전략이 3배 더 높은 수익을 달성했습니다.

연복리 수익률로 보았을 때 우리 전략은 매년 평균 71.67%씩 성장했고 비트코인은 매년 평균 42.41%씩 성장했습니다. 우리 전략이 매년 훨씬 더 빠른 성장했죠!

가장 중요한 최대 낙폭, MDD입니다. 우리 전략은 최악의 순간에도

18.54% 하락에 그쳤으나 비트코인은 고점 대비 76.67%나 폭락했습니다. 결과적으로 우리 전략은 큰 하락을 효과적으로 피한 것입니다.

특히 주목할 점은 MDD입니다. 비트코인이 76% 폭락할 때 대부분의 투자자들은 엄청난 스트레스를 받았을 겁니다. 1억 원이 2,400만 원으로 줄어드는 걸 지켜봐야 했으니까요. 하지만 우리 전략은 최악의 상황에서도 18% 하락에 그쳤습니다. 1억 원이 8,200만 원으로 줄어드는 정도였죠.

이더리움, 솔라나, BNB에서도 이런 전략이 통하나?

이제 우리는 비트코인 투자에 있어서 HMA, RSI, ADX를 혼합한 전략의 수익률이 높고 MDD가 높다는 사실을 알게 됐습니다. 이 전략이 이더리움, 솔라나, BNB에서도 통할까요? 먼저 이더리움에 적용해 봤습니다.

이더리움 일봉 전략

1. 매수

  – 매수 조건 1: 이더리움의 60일간의 ADX 지표가 30 이상이면 매수

  – 매수 조건 2: 만약 60일간의 ADX 지표가 30 미만이라면,

            이더리움의 50일 HMA 이격도가 101 이상임과 동시에

            이더리움의 35일 RSI도 50 이상이면 비트코인을 매수

2. 매도

  – 위의 조건들이 더 이상 충족되지 않으면 보유한 이더리움을 모두 매도하고

현금(USDT)을 보유

■ **이더리움 일봉 전략 vs. 이더리움 수익률**

	이더리움 일봉 전략	이더리움
총 수익률	6,523.23%	1,521.37%
연복리 수익률	136.87%	77.35%
MDD	27.51	79.35

　이 결과가 의미하는 것을 살펴봅시다. 우선 수익률의 압도적 차이입니다. 우리 전략을 활용한 이더리움 투자로 1,000만 원이 6억 6,000만 원으로 되었을 때 이더리움은 1,000만 원이 1억 6,000만 원이 되었습니다. 무려 4배 이상의 차이가 났습니다

　연복리 수익률 면에서 우리 전략이 매년 평균 136.87%씩 성장하였으나, 이더리움은 77.35%였습니다. 우리 전략의 경우 복리의 마법이 극대화된 셈이죠

　가장 인상적인 MDD의 경우 이더리움이 79.35% 폭락할 때, 우리 전

략을 활용했을 경우 27.51% 하락에 그쳤습니다. 1억 원이 7,250만 원으로 준 것과, 2,000만 원으로 준 것의 차이입니다.

다음은 솔라나 일봉 전략의 결과입니다.

솔라나 일봉 전략

1. 매수
   - 매수 조건 1: 솔라나의 45일간의 ADX 지표가 40 이상이면 매수
   - 매수 조건 2: 만약 45일간의 ADX 지표가 40 미만이라면,

     솔라나의 60일 HMA 이격도가 102 이상임과 동시에

     솔라나의 14일 RSI도 60 이상이면 비트코인을 매수

2. 매도
   - 위의 조건들이 더 이상 충족되지 않으면 보유한 솔라나를 모두 매도하고 현금
     (USDT)을 보유

이 놀라운 숫자들을 현실적으로 이해해 볼게요.

총 수익률 비교했을 때 솔라나는 1,000만 원이 4억 8,000만 원으로 되었는데 우리 전략을 활용한 경우 1,000만 원이 무려, 무려 69억 원으로 되었습니다. 차이가 무려 64억 원입니다!

연복리 수익률 면에서 솔라나가 매년 평균 160.48% 성장하였는데 우리 전략의 경우 매년 평균 399.76% 성장하였습니다. 역시나 복리의 마법이 극대화된 결과입니다.

MDD의 경우 솔라나는 고점 대비 96.28% 폭락했는데 이럴 경우

■ **솔라나 일봉 전략 vs. 솔라나 수익률**

	솔라나 일봉 전략	솔라나
총 수익률	77,942.93%	5,860.38%
연복리 수익률	402.89%	169.5%
MDD	41.75	96.28

1억 원이 3,720만 원으로 쪼그라들었네요. 100층 건물에서 4층까지 추락한 셈입니다. 반면 우리 전략은 41.75% 하락에 그쳤습니다. 1억 원이 5,825만 원으로 줄어든 것인데 100층에서 58층까지만 내려온 정도지요.

어떻게 이런 차이가 났을까요? 2022년 하락장이 결정적이었습니다. 솔라나가 96%나 폭락할 때, 우리 전략은 추세지표들이 보내는 경고신호를 놓치지 않았습니다. 마치 태풍이 오기 전에 미리 대피하는 것처럼, 솔라나를 팔고 현금으로 대피했기 때문입니다.

물론 41.75%의 MDD도 결코 작은 하락은 아닙니다. 하지만 96.28%

하락과 비교하면? 그야말로 천지차이죠. 이것이 바로 시스템 트레이딩의 위력입니다. **감정에 휘둘리지 않고, 정해진 신호에 따라 철저하게 매매한 결과**입니다. 마지막으로 BNB에서의 결과를 살펴보겠습니다. 이번에는 조금 다른 관점의 교훈을 얻을 수 있었습니다.

BNB 일봉 전략

1. 매수

 – 매수 조건 1: BNB의 60일간의 ADX 지표가 40 이상이면 매수

 – 매수 조건 2: 만약 60일간의 ADX 지표가 40 미만이라면,

 BNB의 60일 HMA 이격도가 101 이상임과 동시에

 BNB의 20일 RSI도 60 이상이면 비트코인을 매수

2. 매도

 – 위의 조건들이 더 이상 충족되지 않으면 보유한 BNB를 모두 매도하고 현금
 (USDT)을 보유

이 결과가 의미하는 것을 자세히 살펴보겠습니다.

먼저 총 수익률 비교입니다. 우리 전략의 경우 1,000만 원이 2억 280만 원으로 되었고, 그간 BNB는 1,000만 원이 2억 1,188만 원이 되었습니다. 단순히 보유한 케이스의 수익이 약간 더 높네요.

다음으로 살펴볼 것은 연복리 수익률입니다. 우리 전략이 매년 평균 92.75%씩 성장, BNB가 매년 평균 94.48%씩 성장으로 거의 비슷한 속도로 자산이 불어났습니다.

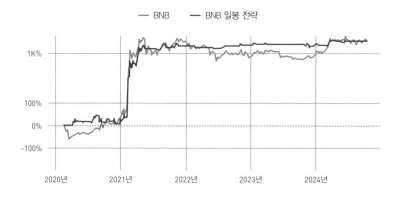

	BNB 일봉 전략	BNB
총 수익률	2,028.07%	2,118.83%
연복리 수익률	92.75%	94.48%
MDD	27.19	70.93

마지막으로 MDD입니다. BNB는 70.93% 폭락을 경험하며 1억 원의 돈이 증발해 2,907만 원이 되었었습니다. 대부분의 투자자들이 견디기 힘든 하락폭이지요. 반면 우리 전략은 27.19% 하락에 그쳤습니다. 1억 원이 7,281만 원으로 감소한 수준입니다. 심리적으로 훨씬 견딜만한 수준입니다.

4개의 코인, 3개의 지표, 그리고 하나의 명확한 교훈

2020년 10월부터 2024년 9월까지, 4개의 주요 코인들을 대상으로 하나의 흥미로운 실험을 해봤습니다. "만약 우리가 감정을 완전히 배

제하고, 오직 세 가지 지표(HMA, RSI, ADX)만 믿고 투자했다면 어땠을까?"라는 의문에서 시작된 백테스트였죠.

결과는 놀라웠습니다. 특히 2022년 암호화폐 시장의 겨울이 찾아왔을 때 그 차이가 극명하게 드러났습니다. 실제로 2022년에 코인을 보유했던 투자자들은 엄청난 낙폭을 견뎌야 했습니다. 비트코인 76%, 이더리움 79%, 솔라나는 무려 96%까지 폭락했으니까요.

반면 우리의 백테스트 결과를 보면, 이 지표들이 하락신호를 보낼 때마다 현금으로 대피했더라면 최대 낙폭을 20~40% 선에서 막을 수 있었을 것으로 나타났습니다.

가장 극적인 차이를 보인 건 솔라나였습니다. 단순 보유했다면 48배의 수익을 냈겠지만, 이 전략대로 투자했다면 이론적으로 689배라는 믿기 힘든 수익도 가능했다는 분석이 나왔죠(물론 미래에 이 정도의 수익률을 기대하긴 힘듭니다!). BNB의 경우는 재미있게도 단순 보유가 살짝 더 높은 수익을 냈지만, 그 과정에서 70%의 낙폭을 27%로 낮출 수 있었다는 게 중요한 포인트였습니다.

물론 이건 어디까지나 백테스트 결과입니다. 실제 투자에서는 이런 완벽한 실행이 쉽지 않았을 테고, 수수료나 슬리피지 같은 현실적인 제약도 있었겠죠. 하지만 이 분석이 우리에게 주는 시사점은 분명합니다.

첫째, 감정을 배제한 시스템 트레이딩의 잠재력이 얼마나 큰지. 둘째, 상승장에서 수익을 내는 것보다 하락장에서 손실을 줄이는 게 얼마나 중요한지. 셋째, 체계적인 매매 규칙이 변동성이 큰 시장에서 얼마나 유용할 수 있는지.

이 백테스트 결과는 "시스템을 믿고 감정을 통제하라"는 오래된 투자 격언이 결코 틀리지 않았음을 다시 한 번 확인시켜 줬습니다.

17

예시 전략 –
12시간봉 전략과
6시간봉 전략

지금까지의 백테스트 결과는 정말 인상적입니다. 솔라나 전략은 689배, 이더리움은 65배, 비트코인도 14배의 수익을 냈으니까요. 게다가 원래 코인보다 MDD도 훨씬 낮았죠. 각각의 코인들에 대한 성과와 이 성과를 이루기 위해 사용한 지표들의 수치는 다음과 같습니다.

■ 2020.10.~2024.10. 4개 코인 일봉 전략 성과

	비트코인 일봉 전략	이더리움 일봉 전략	솔라나 일봉 전략	BNB 일봉 전략
총 수익률	1,457.87%	6,523.23%	68,933.93%	2,028.07%
연복리 수익률	71.67%	136.87%	399.76%	92.75%
MDD	18.54	27.51	41.75	27.19

■ 4개 코인 일봉 전략 활용 지표 및 구간

	비트코인		이더리움		솔라나		BNB	
	기간	조건	기간	조건	기간	조건	기간	조건
ADX	20	50	60	30	45	40	60	40
HMA	50	102	50	101	60	102	60	101
RSI	14	70	35	50	14	60	20	60

하지만 여기서 불편한 질문을 하나 던져보겠습니다. 혹시 눈치채셨는지 모르겠지만요.

"왜 비트코인은 20일 ADX에 50을 기준으로 삼고, 이더리움은 60일 ADX에 30을 기준으로 잡았을까요?"

이건 마치 야구팀 감독이 "우리 팀은 3회에 3점을 내면 이기고, 4회에 2점을 내면 지더라"라고 하는 것과 비슷합니다. 과거 데이터만 보고 너무 구체적인 규칙을 만든 게 아닐까요?

이런 현상을 '과최적화Overfitting'라고 합니다. 쉽게 말해 '과거 데이터에 너무 딱 맞는 옷을 만드는 것'이죠. 예를 들어볼까요?

- 당신이 식당을 운영한다고 가정해 봅시다.
- 지난달 데이터를 분석해보니 "비 오는 월요일 저녁 8시 27분에 주문이 가장 많았어!"
- 그래서 그 시간에 맞춰 직원을 더 배치했는데….
- 이번 달엔 전혀 다른 패턴이 나타났다면?

이것이 바로 과최적화의 함정입니다! 그래서 우리는 이런 해결책을 생각해 냈습니다.

첫째, **다양한 시간대를 활용**하기로 하였습니다. 일봉(24시간) 전략, 12시간봉 전략, 6시간봉 전략을 만들었어요. 추세추종 전략이라는 대략적인 방법은 동일하지만, 여러 시간대의 전략을 섞으면 더 안정적인 결과를 얻을 수 있습니다.

둘째, **다양한 지표를 사용**하였습니다. 지금까지 봤던 HMA, RSI, ADX도 사용하지만 6시간봉에서는 볼린저밴드와 비슷한 전략을 쓸 것입니다. 한 가지 지표에만 의존하지 않고 여러 지표를 섞으면, 한 지표가 약해지더라도 나머지 지표들이 자신의 구실을 할 가능성이 높고, 일정 지표가 특출나게 잘 나가는 것에 혹해 그 지표에 너무 의존하는 과최적화를 피할 수 있겠죠.

셋째, **전략 통합하기**입니다. 이건 마치 투자 포트폴리오를 짜는 것과 같습니다. 주식, 채권, 부동산에 분산투자하듯이 여러 시간대, 여러 지표의 전략을 적절히 배분해 어떤 전략이 부진해도 다른 전략이 이를 보완하도록 하는 것이죠. 이렇게 하면

- 특정 시간대나 지표에 과도하게 의존하지 않게 되고
- 더 안정적인 수익을 기대할 수 있으며
- '과거에만 잘 맞는 전략'이 될 위험도 줄일 수 있습니다.

마치 금융자산에서도 주식만 사지 말고 채권, 실물자산 등에 분산투자하는 것이 리스크를 줄이는 방법인 것처럼, 트레이딩 전략도 다양화하는 것이 현명한 방법이라는 거죠!

12시간봉, 6시간봉 전략

그래서 12시간봉, 6시간봉에서는 어떤 전략을 활용할까요? 일봉(24시간봉)에서 성공적이었던 세 가지 지표인 ADX, HMA, RSI를 12시간 단위로 쪼개서 실험해 봤습니다. 하루 한 번 찍던 사진을 12시간마다 찍어본다고 생각하시면 쉽게 이해하실 수 있을 겁니다.

■ 비트코인 일봉(24시간봉) 및 12시간봉 전략 활용 지표 및 구간

	비트코인 일봉 전략		비트코인 12시간봉 전략	
	기간	조건	기간	조건
ADX	20	50	20	50
HMA	50	102	50	101
RSI	14	70	60	50

여기서 주의해야 할 점! '20일 일봉의 ADX'와 '20개의 12시간봉 ADX'는 완전히 다릅니다. 후자는 실제로 10일치 데이터만 보는 거예요. 마치 20컷의 사진을 찍을 때, 하루에 한 장 찍으면 20일이 걸리지만, 12시간마다 찍으면 10일이면 되는 것처럼요!

자, 그럼 결과는 어땠을까요? 12시간봉과 ADX, HMA, RSI를 활용한 전략은 일봉 전략보다 수익률이 좀 더 높은 대신 MDD도 좀 더 높았습니다.

일봉 전략 4개, 12시간봉 전략 1개를 배웠으니 이제 전략이 7개(12시간봉 3개, 6시간봉 4개)가 남았습니다. 이 7개 전략은 ADX, HMA, RSI를 벗어나서 다른 기준으로 투자합니다. 제가 지표 여럿을 쓰는 게 좋다고 했었죠!

■ 비트코인 12시간봉 전략 활용 지표 및 구간

	비트코인 일봉 전략	비트코인 12시간봉 전략
총 수익률	1,457.87%	2,246.85%
연복리 수익률	71.67%	87.72%
MDD	18.54	22.5

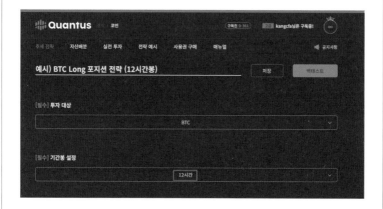

Q. 12간봉 전략은 어떻게 만들까?

"12시간봉 전략이 좋아 보이는데, 이거 만들려면 엄청 복잡하겠죠?"라고 생각하실 수 있습니다. 하지만 너무 걱정하지 마세요. 정말 간단합니다!

퀀터스의 "전략 예시" 메뉴에 이미 "BTC Long 포지션 전략(12시간봉)"이라는 이름으로 저장되어 있어요. 여기 보시면 "기간봉 설정"이 "일"에서 "12시간"으로 변했다는 것이 보이실 겁니다.

솔라나 12시간봉 전략

솔라나 전략부터 살펴보겠습니다. 솔라나는 사진과 같은 기준으로 매수와 매도를 합니다. 당장 사진만 봐서는 무슨 말인지 이해가 안 되실 겁니다. 찬찬히 설명해 드리겠습니다.

① 인덱스, 기준선

코인 시장에는 재미있는 현상이 있습니다. 마치 학교 운동장에서 큰

■ 솔라나 매수와 매도 기준 설정

예시) SOL Long 포지션 전략 (12시간봉)   저장   백테스트

마켓타이밍 설정

☑ 모멘텀 마켓 타이밍 ⓘ

설정 값 최적화 ⓘ

직접 설정

인덱스

BTC (비트코인 선물)

기준선 ⓘ	이동평균 (기준선)	기간봉	
종가	HMA	20	12시간봉

1 ~ 60까지 입력할 수 있습니다.

경계선 (밴드) ⓘ	이동평균 (경계선)	기간봉	
ATR (Average True Range)	EMA	15	12시간봉

1 ~ 60까지 입력할 수 있습니다.

진입 가중치 ⓘ	청산 가중치 ⓘ
3.5	1.0

1 ~ 5까지 입력할 수 있습니다.   0 ~ 5까지 입력할 수 있습니다.

형님이 달리기 시작하면 동생들이 따라 뛰는 것처럼, 비트코인이 움직이면 다른 코인들도 비슷한 방향으로 움직이는 경향이 있죠. 특히 솔라나 같은 알트코인들은 비트코인의 움직임에 더 민감하게 반응합니다.

그래서 우리는 이런 생각을 했습니다. "솔라나에 투자하고 싶은데, 차라리 비트코인의 움직임을 보고 판단하면 어떨까?" 하지만 비트코인의 실시간 가격은 변동성이 너무 큽니다. 그래서 우리는 20개의 12시간봉 HMA라는 도구를 사용합니다. 이건 마치 나무의 줄기를 보는 것과 같아요. 잎사귀가 이리저리 흔들려도 줄기는 나무가 실제로 어느 쪽으로 기울어져 있는지 정확히 보여주거든요.

② 경계선, 가중치

그 다음은 "비트코인이 얼마나 움직여야 의미가 있을까?"를 판단해야 합니다. 비트코인이 충분히 상승추세를 보여야 솔라나를 사야겠죠. 비트코인의 변동성을 측정하기 위해 ATR이라는 지표를 씁니다. ATR는 무엇일까요?

ATR Average True Range

코인의 '평소 변동성'을 측정할 수 있는 지표 중 하나이다. 어떤 코인은 하루에 1~2% 정도만 움직이고, 어떤 코인은 20~30%씩 움직인다. ATR은 바로 이 '평소 움직임의 범위'를 측정한다. 계산 방법은 간단하다. 매일 ① 오늘 최고가와 최저가의 차이, ② 오늘 최고가와 어제 종가의 차이, ③ 오늘 최저가와 어제 종가의 차이, 이 세 가지 중 가장 큰 값을 그날의 'True Range'로 삼고, 이의 평균을 낸다.

참고로 ATR도 웰스 와일더가 만든 지표입니다. 이 책에서는 와일더의 지표를 매우 많이 활용하네요! 이 전략에서는 우리는 최근 **20개의 12시간봉의 True Range**를 계산해서 평균을 내는데, 단순이동평균인 SMA가 아닌 최근 데이터 비중을 좀 더 크게 두는 EMA를 활용합니다. 그래야 비트코인의 '평소 움직임의 범위'를 측정할 수 있겠죠.

이제 실제 매매 신호를 어떻게 잡는지 예시를 들어볼게요. 비트코인이 평소에 하루 100만 원 정도 움직인다고 가정해봅시다. 어느 날 가격이 **20개의 12시간봉 HMA보다 350만 원이나 높다면?** 이건 **평소 움직임의 3.5배**예요(그래서 진입 가중치가 3.5). 우연한 움직임이 아니라 강한 상승 추세가 시작되었다고 볼 수 있습니다. "와! 드디어 큰형님이 진짜 뛰기 시작했어!"라고 생각하고 솔라나를 삽니다.

반대로 비트코인이 평소 움직임보다 크게 떨어진다면(가중치1.0 - 20개의 12시간봉 HMA보다 100만 원 더 낮아졌음), 이건 뭔가 심상치 않은 신호입니다. 마치 큰형님이 갑자기 비틀거리는 것을 본 것과 같죠. 이때는 재빨리 솔라나를 팝니다.

이 전략의 핵심은 직접적인 목표물을 보지 않고 더 큰 그림을 보는 것입니다. 마치 프로 복서가 상대방의 주먹만 보는 게 아니라 어깨의 움직임을 보고 펀치를 예측하는 것처럼, 우리도 솔라나 가격만 뚫어져라 보는 대신 시장의 큰형님인 비트코인의 움직임을 보고 매매 타이밍을 잡는 거죠. 실제 매수와 매도 포인트를 보면 아래와 같습니다.

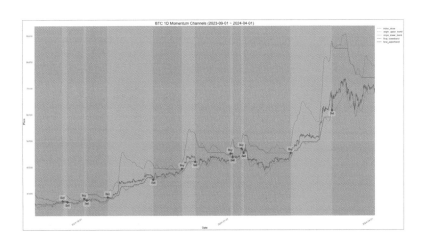

위 차트를 보면 마치 권투선수의 전적표 같지 않나요? 작은 펀치를 주고받다가도, 기회가 오면 강력한 어퍼컷을 날리는 것처럼요.

솔직히 말씀드리면, 이 전략이 매번 성공하는 건 아닙니다. 때로는 매수하자마자 손절해야 할 때도 있고, 며칠 만에 포기해야 할 때도 있죠. 마치 스파링에서 가끔 맞는 것처럼요. 하지만 정말 중요한 건 우리가 맞을 때는 살짝 스치는 데 그치지만, 우리가 칠 때는 강력한 한 방을 날린다는 겁니다!

투자의 전설 폴 튜더 존스는 이렇게 말했죠. "내가 돈을 버는 비결? 1달러를 걸어서 5달러를 벌 수 있을 때만 배팅한다."

우리의 전략도 같은 철학을 따릅니다. 작은 손실은 재빨리 인정하고 빠져나오지만, 한 번 수익이 나기 시작하면 끝까지 타고 갑니다. 마치 서핑을 하는 것과 같죠. 작은 파도는 그냥 지나치고, 크고 좋은 파도를 만나면 끝까지 타는 겁니다!

그래서 이 전략의 수익 그래프를 보면 재미있는 패턴이 보입니다. 조그만 계단을 몇 번 오르락내리락하다가, 갑자기 엘리베이터를 탄 것처럼 쭉 올라가는 구간이 나타나죠. 여러분도 이제 아시겠죠? 수익은 길게, 손실은 짧게. 이게 바로 진정한 '프로의 투자'입니다!

제가 소개한 초단기 전략이 좀 낯설게 느껴지시나요? 사실 이 전략은 많은 트레이더들이 애용하는 '볼린저밴드' 전략과 꽤 비슷합니다. 마치 사촌형제 같은 거죠. 기술적 투자를 연구하신 분들은 앞선 그림이 보시면 볼린저밴드와 유사하다고 느끼셨을 겁니다. 일단 볼린저밴드가 무엇인지 설명해 드릴게요.

예시로 보여드린 볼린저밴드 그래프에서 중간밴드는 '20일 이동평균선'입니다. 상단밴드는 '중간밴드 + (표준편차 × 2)'이며 하단밴드는

■ 볼린저밴드의 예

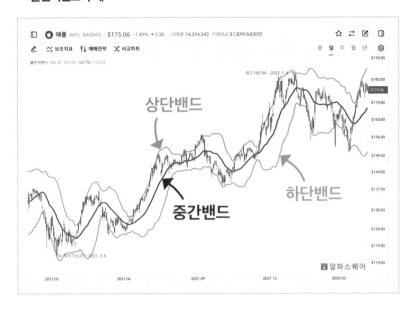

'중간밴드 - (표준편차 × 2)'이죠.

보통 가격은 이 밴드 안에서 움직입니다. 그런데 가격이 상단밴드를 돌파하면 엄청난 상승세라고 볼 수 있어요. 우리의 초단기 전략도 비슷하게 접근합니다만, 몇 가지 다른 점이 있습니다.

첫째, 기준점이 다릅니다. 위 차트에서도 볼 수 있듯 매수**Buy**하자마자 손절**Sell**해야 할 때도 있고, 볼린저밴드는 SMA를 사용하고 우리 전략은 HMA를 사용합니다.

둘째, 변동성 측정방법이 다릅니다. 볼린저밴드는 표준편차를 사용하며 우리 전략은 ATR를 사용합니다. '실제 고가-저가 변동폭'을 반영하는 깃이죠.

셋째, 매매 시점이 다릅니다. 볼린저밴드는 보통 '상단밴드 돌파 = 매수, 하단밴드 돌파 = 매도'로 판단하는데 우리 전략의 경우 'ATR의 3.5배 상승 = 매수, 1배 하락 = 매도'로 봅니다. 우리 전략의 장점은 다음과 같아요.

- 실제 시장의 변동성을 더 직접적으로 반영
- 급격한 시장 변화에 더 민감하게 반응
- 특히 코인 시장처럼 변동성이 큰 시장에 더 적합

둘 다 훌륭한 전략이지만, 코인 시장의 특성상 우리 전략이 조금 더 빠르고 민감하게 반응할 수 있다는 장점이 있답니다!

솔라나, 이더리움, BNB 12시간봉 전략 파라미터와 성과

이더리움과 BNB는 솔라나와 유사한 전략을 사용했는데, 파라미터가 좀 달랐습니다.

■ 이더리움, 솔라나, BNB 12시간봉 전략

	이더리움		솔라나		BNB	
	기간	조건	조건	기간	기간	조건
인덱스	이더리움		비트코인		이더리움	
기준선	HMA	15	HMA	20	HMA	12
경계선	ATR	45 HMA	ATR	15 EMA	ATR	20 EMA
진입 가중치	2.5		3.5		3.75	
청산 가중치	2.0		1.0		1.75	

우리는 솔라나가 암호화폐의 큰형님인 비트코인의 움직임을 따라간다는 것을 살펴봤습니다. 이더리움과 BNB는 누구를 따라갈까요? 당연히 비트코인 아닐까 생각했지만 결과는…

- 솔라나, "난 비트코인 형님 따라갈래!"
- 이더리움, BNB, "우린 이더리움이랑 놀거야!"

그렇다면 어떤 코인이 비트코인, 어떤 코인이 이더리움 영향을 더 받을까요?

코인 시장을 처음 들여다보면 수많은 코인들이 제각각 움직이는 것처럼 보입니다. 하지만 좀 더 깊이 들여다보면, 이 시장에도 분명한 질서가 있다는 것을 발견하게 됩니다. 이 질서의 최상위에는 비트코인이 있습니다. 전체 코인 시장의 절반에 가까운 시가총액을 보유한 절대 강자죠. 월스트리트의 큰손들이 가장 먼저 주목하는 것도 비트코인입니다. 테슬라가 비트코인을 사들이고, 마이크로스트래티지가 비트코인을 대량 보유하는 이유도 여기 있습니다. 비트코인은 전통 금융과 새로운 암호화폐 세계를 잇는 다리 역할을 하고 있는 거죠.

그 다음 계층에는 이더리움이 있습니다. 이더리움은 조금 다른 방식으로 영향력을 행사합니다. 마치 거대한 쇼핑몰처럼, 수많은 디지털 자산과 서비스가 이더리움이라는 플랫폼 위에서 운영되고 있죠. 디파이(DeFi) 프로젝트들, NFT 마켓플레이스, 수많은 디앱들… 이들은 모두 이더리움이라는 땅 위에 지어진 건물들과 같습니다.

이런 시장구조 때문에 재미있는 현상이 나타납니다. 솔라나 같은 코인은 비트코인의 움직임에 더 민감하게 반응합니다. 솔라나도 비트코인처럼 독립적인 블록체인이고, 기관 투자자들의 관심을 많이 받는 코인이기 때문이죠. 비트코인이 큰 폭으로 상승하면, 투자자들은 "다음은 솔라나가 오르겠구나"라고 생각하는 경향이 있습니다.

반면 다른 많은 알트코인들은 이더리움의 움직임을 더 주의 깊게 봅니다. 특히 이더리움 네트워크 위에서 작동하는 토큰들은 말할 것도 없죠. 이더리움의 가스비가 오르내리면 이 토큰들의 거래비용도 함께 움직입니다. 이더리움에 중요한 기술적 업그레이드가 있으면, 전체 생태계가 영향을 받게 되는 거죠.

그래서 우리의 투자전략도 이런 시장의 역학관계를 반영했습니다. 솔라나에 투자할 때는 비트코인의 움직임을 주시하고, 다른 알트코인들을 거래할 때는 이더리움의 동향을 살피는 거죠. 말이 좀 샜네요. 4개 코인의 12시간봉 전략의 성과를 분석해 보도록 하겠습니다! 참고로 비트코인은 ADX, HMA, RSI를 활용한 12시간봉 전략의 수익률입니다.

이 결과를 쉽게 풀어보면 가장 큰 승자는 이더리움입니다. 1,000만 원이 4억 8,000만 원이 되었지요! 하지만 그만큼 롤러코스터도 심했죠.

■ 2020.10.~2024.10. 4대 코인 12시간봉 전략의 성과

	비트코인 12시간봉 전략	이더리움 12시간봉 전략	솔라나 12시간봉 전략	BNB 12시간봉 전략
총 수익률	2,246.85%	4,786.92%	1,621.72%	2,454.58%
연복리 수익률	87.72%	120.84%	99.9%	99.16%
MDD	22.50	37.88	25.30	29.97

MDD가 37.88%였습니다.

안정적인 성과는 비트코인이었습니다. 수익률은 좀 낮지만 가장 안정적인 하락폭(MDD 22.50%)을 보여주었습니다.

BNB와 솔라나는 균형잡힌 성과를 보여줬습니다. 둘 다 연 100% 가까운 수익을 달성했고 MDD 25~30%로 적절한 수준의 리스크를 보여줬습니다. 이 결과들에서 특히 재미있는 점은 다음과 같은 사실입니다.

- 비트코인, BNB: 일봉보다 12시간봉이 더 좋은 성과
- 이더리움, 솔라나: 오히려 일봉이 더 나은 성과

자, 이제 우리의 여정도 거의 끝나갑니다! 마지막으로 6시간봉 전략을 살펴보면, 이 퍼즐의 마지막 조각을 맞출 수 있을 것 같네요. 함께 보시겠습니까?

솔라나, 이더리움, BNB 6시간봉 전략 파라미터와 성과

■ 비트코인, 이더리움, 솔라나, BNB의 6시간봉 전략 파라미터

	비트코인		이더리움		솔라나		BNB	
	기간	조건	기간	조건	조건	기간	기간	조건
인덱스	비트코인		이더리움		비트코인		이더리움	
기준선	HMA	5	HMA	10	HMA	20	HMA	15
경계선	표준편차	30 EMA	ATR	40 HMA	ATR	50 EMA	표준편차	15 EMA
진입 가중치	3.75		3.75		3.75		3.0	
청산 가중치	2.25		2.75		1.25		1.25	

	비트코인 6시간봉 전략	이더리움 6시간봉 전략	솔라나 6시간봉 전략	BNB 6시간봉 전략
총 수익률	2,322.2%	4,036.98%	4,244.23%	2,454.58%
연복리 수익률	86.18%	113.38%	150.21%	99.16%
MDD	25.71	35.05	25.73	29.97

전체적으로 봤을 때 6시간봉 전략들은 놀라운 균형을 보여줍니다.

• 수익률은 2,300%에서 4,200% 사이

• MDD는 대부분 25~35% 사이로 제어

• 연복리 수익률은 모두 85% 이상

특히 주목할 만한 점은 변동성 측정방식입니다. 어떤 코인은 표준편차를, 어떤 코인은 ATR을 사용했죠. 마치 각각의 코인 성격에 맞는 맞춤 체온계를 사용한 것처럼요.

이 전략들의 성공비결은 '섬세한 균형'에 있습니다. 진입은 조금 늦게 해서 확실한 상승장에만 참가하고(3.0~3.75배 진입), 손실은 상대적으로 빠르게 차단하는 전략이죠. 마치 프로 복서가 강력한 펀치를 날리면서도 방어는 결코 놓치지 않는 것처럼 말입니다.

이제 우리는 24시간봉, 12시간봉, 6시간봉 전략 12개를 모두 살펴봤습니다.

만 번의 실험이 만드는 완벽한 전략

"만 번의 실험이 만드는 완벽한 전략, 지금은 시작에 불과합니다."

자, 이제 우리가 살펴본 12개의 전략이 어떻게 하나로 합쳐져서 놀라운 '예시전략'으로 탄생하게 되었는지 이해하셨을 겁니다. 비트코인, 이더리움, 솔라나, BNB에 대해서 각각 세 가지 시간대의 전략들이 마치 오케스트라의 악기들처럼 조화롭게 어우러진 거죠.

"와, 대단한 전략이네요! 이제 이걸 그대로 써볼까요?"

잠깐만요. 솔직히 말씀드리면, 이 전략에 100점 만점에 70점 정도밖에 못 주겠습니다. 왜 그럴까요?

이건 마치 요리 레시피와 같습니다. 제가 지금 여러분께 '맛있는 김치찌개 만드는 법'을 알려드린 거예요. 기본적인 재료와 조리법은 맞습니다. 하지만 여러분이 직접 주방에서 수백 번, 수천 번 실험해 보면? 아마 더 맛있는 나만의 레시피를 찾을 수 있을 겁니다.

제가 항상 농담처럼 하는 말이 있습니다.

"만 번 백테스트하지 않은 사람과는 겸상하지 말라."

농담 같지만 사실 진심이 담긴 말입니다. 부끄럽게도 저조차도 아직 코인 백테스트를 만 번까지는 못해본 것 같네요. 하지만 여러분이 정말 만 번의 실험을 해본다면… 상상해 보세요.

- 더 정교한 진입 타이밍
- 더 안전한 손절 전략

- 더 효과적인 지표들의 조합

- 어쩌면 완전히 새로운 관점의 전략까지

* 초단기 숏 전략은 다루지도 않았잖아요?

이건 마치 과학자들의 실험과 같습니다. 처음에는 선배 과학자의 실험을 그대로 따라하지요. 하지만 그걸 수천 번 반복하다 보면, 어느새 더 나은 방법을 발견하게 됩니다. 때로는 완전히 새로운 발견을 하기도 하고요.

제가 여러분께 보여드린 이 전략은 단지 시작점일 뿐입니다. 여러분의 실험과 도전이 더해진다면, 훨씬 더 뛰어난 전략이 탄생할 수 있습니다. 어쩌면 제가 상상도 하지 못했던 혁신적인 접근법을 바로 여러분이 발견하실지도 모르죠. 이러한 단기 전략들은 앞으로도 단순 '매수 후 보유' 전략을 뛰어넘을 가능성이 매우 높습니다. 수백 년간 이어져 온 추세추종 전략이 '높은 수익률'과 '낮은 MDD'라는 두 마리 토끼를 지속적으로 잡아왔다는 것이 이를 증명하죠. 추세추종 전략은 코인뿐만 아니라 주식, 선물시장, 외환시장, 부동산 시장 같은 곳에서도 아주 아주 잘 통하는 전략입니다.

다만, 한 가지 현실적인 이야기를 덧붙이자면 과거처럼 연복리 200%의 수익률을 기대하긴 어려울 것 같습니다. 상위 암호화폐들의 시가총액이 이미 천문학적 규모로 성장했거든요. 하지만 잠깐 생각해 볼까요? 설령 과거 수익의 4분의 1인 50% 정도만 달성하더라도, 이는 다른 어떤 자산군에서도 찾아보기 힘든 놀라운 수치입니다. 게다가

MDD는 매수 후 보유 전략의 3분의 1 수준에 불과하다는 점! 이 정도면 충분히 매력적이지 않나요? 저는 이 분야가 앞으로도 충분히 연구하고 도전해 볼 가치가 있다고 봅니다.

결국 투자의 세계는 끊임없는 실험과 개선의 여정입니다. 이 예시전략이 여러분의 여정에 작은 나침반이 되었기를 바랍니다. 하지만 진정한 보물은 여러분이 직접 만드는 전략 속에 있을 겁니다.

자, 이제 여러분의 첫 번째 백테스트를 시작해 보시겠습니까?

18

예시전략을 능가하는
'80점 전략'

자, 이제 여러분의 첫 번째 백테스트를 시작해 보시겠습니까?

…

…

…

"작가님, 책은 다 끝났나요?"

"응, 이제 인쇄소에 넘기기 직전이야."

"그런데… 좋은 소식이 있습니다!"

퀀터스 개발팀에서 날아온 긴급 메시지였습니다. 마치 영화 〈인터스텔라〉에서 마지막 순간에 중력 방정식을 풀어낸 것처럼, 그들이 새로운 돌파구를 찾아낸 겁니다.

퀀터스의 새로운 도전! 80점 전략의 탄생

앞서 제가 17장에서 소개한 전략을 가리켜 "예시전략은 70점짜리"라고 말씀드렸죠? "여러분이 직접 주방에서 수백 번, 수천 번 실험해 보면? 아마 더 맛있는 나만의 레시피를 찾을 수 있을 겁니다"라고도 했죠. 그런데 이 책을 인쇄소로 넘기기 직전, 퀀터스의 '미친 과학자들'이 레시피를 업그레이드했습니다.

퀀터스에서 "실전 투자" 전략 중 "**예시) BTC ETH SOL Long 포지션 기간봉 시그널 혼합 전략**"이 바로 그것입니다. 그럼 어떤 게 업그레이드됐느냐!

■ 퀀터스 "예시) BTC ETH SOL Long 포지션 기간봉 시그널 혼합 전략"

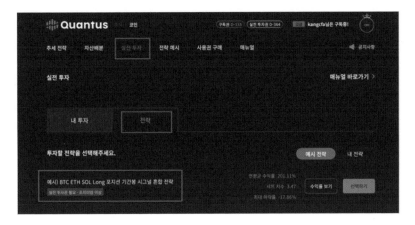

첫째, 시간대를 더 세분화했습니다. 기존의 일봉, 12시간봉, 6시간봉에 4시간봉과 1시간봉까지 추가한 거죠. 마치 요리사가 큼직한 칼질로 손질만 하다가 세밀한 채썰기와 다듬기까지 하는 것처럼요.

둘째, BNB와 작별을 고했습니다. 최근 좀 부진했거든요. 마치 레시피에서 맛이 떨어진 재료를 과감히 빼버린 것처럼요. 대신 비트코인의 비중을 50%로 올리고, 이더리움과 솔라나에 각각 25%씩 배분했습니다.

여기에 퀀터스만의 '비밀 소스'도 몇 가지 추가했습니다(죄송하지만 이건 비밀입니다. 콜라 제조법처럼요! 그러나 전략의 기본원리는 '예시전략'과 매우 유사합니다!).

그럼 이제 기존 '예시전략'과 새로운 '80점 전략'의 성과를 비교해 볼까요?

연복리 수익률은 비슷한데, MDD가 24%대에서 17%대로 줄어들었습니다. 그러니까 예시 전략이 70점짜리 전략이라면 이 전략은 80점짜

■ 기존 예시전략 vs. 80점 전략(2020.10.~2024.10.)

전략	기존 예시전략	80점 전략
연복리 수익률(CAGR)	201.86%	201.11%
MDD	24.62	17.86

리 전략이라고 볼 수 있죠! 비유하자면 마치 같은 속도로 달리는데 에어백이 더 튼튼해진 것과 같습니다. 그럼 이 80점짜리 전략을 어떻게 사용하실 수 있냐고요?

퀀터스의 '코인 프리미엄 실전 투자권'을 구매하시고 바이낸스 계좌를 연동하시면 즉시 투자에 이용하는 게 가능합니다!

퀀터스의 개발자들은 지금도 90점 전략을 만들기 위해 밤새 코딩을 하고 있습니다. 아마 여러분이 짬짬이 틈이 날 때마다 퀀터스의 '실전 투자' 메뉴를 들여다보시면, 종종 더 놀라운 전략들을 발견하실 수 있을 겁니다.

"그런데 작가님, 그럼 우리가 직접 전략을 만들어볼 필요가 있을까요?"

당연하죠! 퀀터스가 90점을 향해 달려가는데, 우리라고 가만히 있을 순 없잖아요? 어쩌면 앞서 우리가 다뤘던 70점 전략, 80점 전략 등을 비롯해 다양한 전략을 익힌 여러분 중에서 '100점짜리 전략'을 만드시는 분이 나올지도 모르니까요.

자, 이제 진정한 게임이 시작됩니다. 누가 더 좋은 전략을 만들어낼까요?

2024~2025 알트코인 상승장, 이번에는 당신이 주인공입니다!

이제 우리의 긴 여정이 끝나가네요. 함께 알트코인 투자의 지도를 그려봤습니다. 마지막으로 몇 마디 더 해드리고 싶네요. 먼저 우리가 이 책에서 배운 것들을 정리해 볼까요?

I. 중장기 전략

1. '언제' 투자할 것인가?

- 2024년 4월 반감기 후 7개월, 즉 11월부터가 알트코인의 계절입니다.
- 트럼프의 당선, 글로벌 통화량 증가, 달러 약세, 계절성 등 모든 조건이 맞아떨어지고 있죠.
- 대부분의 투자자들이 "아직 더 오를까?"라고 망설일 때가 바로 투자할 시점입니다.

2. '무엇을' 살 것인가?

- 시가총액 상위 알트코인에 분산투자하는 방법이 있습니다.
- 가격이 저렴하면서 시가총액도 작은 '로또 코인' 찾을 수도 있습니다.
- 시장 데이터를 분석해 상승 추세가 강한 코인을 선별할 수도 있습니다.

3. '얼마나' 투자할 것인가?

- 전체 자산의 3분의 1 이하
- 6개월치 월급 이하
- "이 정도는 잃어도 된다"고 생각하는 금액의 3분의 1
- 이 세 가지 중 가장 작은 금액을 투자하세요!

4. '언제 팔' 것인가?

- 비트코인이 더 이상 못 오르는데 알트코인이 미친 듯이 오를 시기부터 극도로 조심하고
- 제가 소개했던 10개 매도 전략 중 2개 이상을 섞어서 본인의 매도 전략을 만드세요!

II. 단기 전략

1. 듀얼모멘텀 전략

- 비트코인이 120일 이동평균선 위에 있을 때만 투자
- 시가총액 상위 20개 코인 중 수익률 상위 3개 코인 선택
- 매주 화요일마다 리밸런싱
- 주간 수익률이 플러스인 코인에만 투자

2. 비트코인 롱숏 전략

- 비트코인 가격이 120일 이동평균선보다 높으면 비트코인 롱, 낮으면 숏 하는 전략
- 비트코인 120일 이동평균선 기준으로 이더리움, 솔라나, 도지코인 등 알트코인을 거래하는 전략도 매우 좋습니다!

3. 신규코인 전략

- 바이낸스에 상장한 코인 중(다른 거래소도 가능!)
- 상장빔 고점을 돌파하는 신규 코인을 매수하고
- 3~4주 보유 또는 트레일링 스탑으로 매도

III. 초단기 전략

- 4개 코인(BTC, ETH, SOL, BNB)에 각각 25%씩 투자
- 각 코인별로 3가지 시간대(일봉, 12시간봉, 6시간봉) 전략 적용
- 총 12개의 세부 전략으로 구성
- 2020년 10월부터 2024년 9월까지 8,562% 수익
- MDD(최대낙폭) 24.62%로 안정적인 수익 실현

특히 초단기 자동매매의 경우

- ADX, HMA, RSI 등 다양한 지표 활용
- 각 코인의 성격에 맞는 맞춤형 전략 적용
- 여러 시간대, 지표를 섞어 안정성 확보
- 과최적화**Overfitting** 위험 최소화
- 그러나 제시된 전략은 완벽한 솔루션이 아닌 시작점, 본인만의 전

략을 만들어가는 것이 중요! 만 번의 백테스트가 만드는 완벽한 전략을 만든다는 사실을 기억!

제가 진심으로 믿는 게 있습니다. **2024~2025년은 여러분의 인생을 바꿀 수 있는 기회라는 겁니다.** "에이, 설마…"라고 생각하실 수도 있겠죠. 하지만 생각해 보세요. 2017년에도 "비트코인 1,000만 원은 말도 안 된다"고들 했습니다. 2021년에도 "이더리움 500만 원은 미친 소리다"라고들 했고요. 그런데 어떻게 됐나요? 우리가 상상한 것보다 더 크게 올랐죠.

이번에도 마찬가지입니다. 아니, 이번에는 더 큰 기회가 올 수도 있습니다. 왜냐고요?

1. 제도권이 인정하는 첫 번째 상승장입니다

• SEC가 비트코인 ETF를 승인했고

• 월가의 큰손들이 속속 들어오고 있으니까요.

2. 트럼프라는 '게임 체인저'가 있습니다

• "미국을 세계 최대의 암호화폐 강국으로 만들겠다"라고 하는

• 이런 친 코인 대통령이 있었던 적이 있나요?

3. 전 세계가 돈풀기 모드로 전환하고 있습니다

• 통화량 증가, 달러 약세는 코인 강세로 이어질 가능성이 큽니다.

하지만 제가 더 강조하고 싶은 건 이겁니다.

"이번에는 여러분이 준비된 투자자입니다!"

과거의 상승장에서는 우리가 아무것도 모르고 뛰어들었죠. 운 좋게 돈을 번 사람도 있었지만, 대부분은 고점에 물려 큰 손실을 봤습니다. 하지만 이제 여러분은 달라졌습니다.

시장의 사이클을 이해하고,

체계적인 매매 전략을 가지고 있으며,

리스크 관리의 중요성도 알고 계시죠.

이건 마치 복싱 선수가 되는 것과 같습니다. 처음 링에 올랐을 때는 무작정 휘두르기만 했지만, 이제는 기본기도 있고 전략도 있고 체력 안배하는 법도 알죠.

자, 이제 여러분은 준비가 됐습니다. 2024~2025년이라는 새로운 라운드가 곧 시작됩니다. 이번에는 꼭 챔피언이 되실 거예요.

마지막으로 당부드립니다. 욕심 부리지 마세요. 계획한 대로만 하세요. 특히 투자금액 설정이 정말 중요합니다. 이번 기회로 인생역전까지는 아니더라도, 적어도 한 단계 업그레이드는 가능할 겁니다.

다음 상승장에서 뵐게요. 그때는 여러분도 저처럼 다른 사람들을 가르쳐주는 선배 투자자가 되어있지 않을까요?

건승을 빕니다!

강환국 올림

트럼프와 함께하는
알트코인 대폭등

1판 1쇄 발행 2024년 12월 9일
1판 5쇄 발행 2025년 1월 7일

ⓒ강환국, 2024

지은이	강환국
펴낸곳	거인의 정원
발행인	이웅구
출판등록	제2023-000080호(2023년 3월 3일)
주소	서울특별시 강남구 영동대로602, 6층 P257호
이메일	nam@giants-garden.com
홈페이지	smartstore.naver.com/giantsgarden